MET WORTEL EN TAK

Rita Verschuur

Met wortel en tak

Lemniscaat

Druk- en bindwerk: Wilco, Amersfoort

Dit boek is gedrukt op milieuvriendelijk, chloorvrij gebleekt en
verouderingsbestendig papier en geproduceerd in de Benelux waardoor
onnodig en milieuverontreinigend transport is vermeden.

Inhoud

Wandkleed

Op een vlooienmarkt in een oude Zweedse boerenschuur koop ik elke zomer iets overbodigs. De lange magere eigenaar lijkt weggelopen uit een schilderij van Munch. Holle ogen, uitstekende jukbeenderen. Gevlucht voor de leegte in het landschap naar de volte hier binnen. IN- EN VERKOOP staat er op de deur, maar er gaat meer in dan uit. Dat inkopen is een verslaving, zegt hij. Zijn gezin leeft van lucht.

Toen ik er van de zomer binnenkwam, zag ik dat er enige orde in de chaos was geschapen. Er was het een en ander van de hand gedaan, er waren een paar looppaden tussen de wankele stapels spullen gebaand. Ik keek uit naar de lange man maar zag hem nergens. Achter de toonbank stond een mollige vrouw in wijde kleren. Om haar hoofd zat een gebloemde sjaal met franje, stevig dichtgeknoopt onder de kin. Ik liep naar haar toe en groette. Ze knikte vriendelijk maar vermoeid. Aan de wand achter haar hing een oud wandkleed, een ingelijste loper met tussen de blauwe rozen op het vergeelde katoen een tekst in sierlijk geborduurde letters.

'Die wil ik van u kopen,' zei ik nog voor ik de woorden had ontcijferd. Ik zag de loper al hangen boven de schuifdeuren in mijn zitkamer. Die lege plek daar eindelijk gevuld.

'Nee, dit wandkleed is niet te koop. Dit is me zelf te dierbaar na alle ellende van de laatste tijd. Dit is het enige in deze ruimte waar ik geen afstand van wil doen.'

Zoiets zei ze.

Ik las de tekst en probeerde het wandkleed weg te denken uit mijn huis.

Toen keek de vrouw me aan. Ze keek met een blik zo indringend en zo bodemloos dat ik mijn ogen neersloeg.

'Ik verkoop het toch aan je.'

'Meent u dat? Zult u daar geen spijt van krijgen?'

'Je krijgt het voor honderdvijftig kronen.'

Dat is vijftien euro, rekende ik om.

'Wilt u het echt niet zelf houden?' vroeg ik.

'Het is voor jou.'

Ze draaide zich om en klom op een krukje om het van de wand te halen.

En nu hangt het boven mijn schuifdeuren. '*Var stund är en gåva*' staat erop. 'Elk ogenblik is een geschenk'.

Bron

Het is eind september. Ik mag een lezing geven in het protestantse kerkje in Bloemendaal, dat tegenwoordig ook openstaat voor culturele evenementen. Omdat er op die plek voor mij nogal wat beslissende gebeurtenissen hebben plaatsgevonden en ik er ruim veertig jaar geleden voor het laatst binnen ben geweest, wil ik het interieur een paar dagen voor de lezing nog even in mijn eentje opnemen. Mocht ik het er te kwaad krijgen, dan liever nu.

Alles is er nog net als vroeger, ik zie mezelf als achtjarig meisje in die hoge houten kerkbank zitten tijdens het huwelijk van mijn vader en stiefmoeder in 1944, ik voel weer de zware baby in mijn armen als ik mijn eerste halfbroertje ruim een jaar later deze ruimte binnen mag dragen bij zijn doop. Ik hoor de *Bruiloftsmars* weer op het ogenblik dat ik hier met mijn Zweedse bruidegom binnenloop, maar vreemd genoeg is de herinnering aan mijn eigen trouwerij minder helder dan aan die van mijn ouders. Net als de doop van mijn jongste dochter in 1967 me minder duidelijk voor de geest staat dan die van mijn broertje in de hongerwinter.

Na een uur voel ik me zo vertrouwd in deze ruimte dat ik me zowaar begin te verheugen op mijn lezing over het net verschenen boek, *De tweede moeder*.

Onder de belangstellenden zie ik tot mijn verrassing het broertje dat ik hier ooit binnendroeg, nu een lange grijzende man, die uit Brabant naar zijn geboortedorp is gereden. En tot mijn minstens zo grote verrassing herken ik op de eerste rij een oude bekende van school, de kinderpsycholoog bij wie ik na mijn scheiding een tijdje heb gewerkt als assistente. Ik geloof dat ik bloos bij zijn hartelijke hoofdknik.

Na afloop van mijn verhaal vraagt een vrouw wat ik nu ga schrijven. Ik antwoord dat ik met dit boek mijn schrijverschap heb afgerond. Dat ik gedaan heb waarvoor de Afrikaanse schrijver Ben Okri me een keer heeft gewaarschuwd: 'Zet de feiten uit je leven niet letterlijk op papier! Blijf je materiaal fictioneren, benader het vanuit verschillende hoeken, maar schep de bron niet leeg. Zorg dat die niet droog komt te staan.'

Dat is precies wat ik deze keer gedaan heb. Mijn bron met ruw materiaal tot op de bodem geleegd.

Wat nu nog? Ik zal mijn leven een nieuwe draai moeten geven. Ben niet oud genoeg om de pen niet meer op te willen pakken. Brieven schrijven, dat zal ik misschien vaker gaan doen, mijn dagboek wat meer aandacht geven. Dat alles schiet door mijn hoofd.

'U ziet, mevrouw, dat u een pijnlijke vraag hebt gesteld,' zeg ik. 'Ik heb mijn bron leeggeschept.'

Op dat ogenblik steekt de psycholoog zijn hand op. Hij is altijd een man van weinig woorden geweest.

'Een bron die is leeggeschept vult zich vanzelf weer,' zegt hij.

Dit klinkt als opborrelend water.

Vrij

Herfstvakantie. Mijn oudste kleindochter en ik stappen het hotel binnen waar we vier jaar geleden ook samen hebben gelogeerd. Ik had haar gevraagd waar ze deze keer heen wou. Weer Florence.

We vertellen het aan de receptionist en willen eigenlijk weer dezelfde kamer. 'Duecento sette,' herinnert mijn kleindochter zich. Ze was tien de vorige keer.

Kamer 207 is bezet, we krijgen 210. Daar kunnen net twee bedden in.

Mijn rode koffertje schuif ik eronder, zij het hare met moeite ernaast. Dan naar buiten, de nazomerzon in, het brede trottoir langs de rivier op.

'Weet je nog dat je hier de vorige keer liep te huppelen?' zeg ik. 'Als een veulentje.'

Ze weet het nog, maar ze is geen veulentje meer. We bakenen al snuffelend ons territorium af, maken een grillige ronde door het centrum en eindigen weer op het Santa Croceplein, vlak achter ons hotel.

Daar staat een meisje in spijkerbroek voor de trappen van de kerk aria's uit *Carmen* te zingen met een stem zo zuiver dat we abrupt blijven staan. Ik denk dat ze aan het inzingen is voor de opera concertante, die overal op affiches voor morgen staat aangekondigd, en vraag haar als ze is uitgezongen of dit haar generale was.

Ze bloost. 'Was het maar waar,' zegt ze. 'Ik ben gewoon maar een student.'

'Wij hoeven morgen niet meer naar de première,' zeg ik tegen haar.

We hoeven hier niks, mogen alles, zijn vrij als vogels, zitten aan de oever van de Arno, lopen kerken en musea in en uit, slenteren over vlooienmarkten en door straatjes waar de oude ambachten nog welig tieren, we smullen van de beste pizzapunten bij een achterafbakkertje en laten ons binnenlokken in gelateria's waar ijssculpturen pronken.

Natuurlijk stappen we weer op de bus naar Fiesole, weer naar dat veld met Etruskische opgravingen waar ik vier jaar geleden een foto van haar maakte. Ze staat er achter een altaar en omarmt het. Alleen haar hoofd steekt erboven uit. Nu maak ik de foto opnieuw en zie haar hele bovenlichaam. Toen had ze lange vlechten, nu een baret schuin op haar losse haren.

Als we na een week afscheid nemen van de jonge man achter de balie, zegt hij:

'Over vier jaar zie ik jullie hier terug!'

'Dan ben ik achttien,' zegt mijn kleindochter tegen me, 'en jij tachtig.'

'En dan maak ik de foto in Fiesole voor de derde keer,' zeg ik.

Leven

Een oude vriend belt me geregeld voor een glaasje om een uur of vier. Hij woont op loopafstand bij mij vandaan. Zelf zit hij gekluisterd aan zijn bureaustoel op wieltjes. Hij nadert de negentig. Bang voor de dood is hij niet, wel voor het leven. Bang dat hij honderd zal moeten worden, hier in zijn oude boerenhuisje, aan de tafel voor het raam, met daarachter het groen dat afvalt en weer terugkeert, bloemen die komen en gaan, vogels die voorbijflitsen, al dat leven, al die beweging, al dat vertrouwen in vernieuwing. En hij zal dat alles aan moeten zien, terwijl hij steeds dieper wegzakt in zijn stoel en ten slotte geheel wordt uitgeleverd aan de liefdevolle zorgen van zijn vrouw.

'Ik wil leven zolang het leven nog iets van mij wil,' zegt hij.

Het leven heeft veel van hem gewild. De grote zwarte vleugel, hoofdpersoon in zijn kamer, is daar getuige van. Behalve een lange reeks minder bekende composities is ook zijn *Canto Ostinato* aan dit instrument ontstaan. Nu slaat hij geen toets meer aan, de kracht is weg uit zijn handen. Uitgespeeld liggen ze in zijn schoot, lang en knokig. Alsof ze wachten op een schilder die ze wil vereeuwigen. Hij kan er nog net een borrelglaasje mee omvatten, dat hij in een paar teugen leegdrinkt, clowneske grimassen trekkend. Eén glaasje korenwijn per dag.

'Dit doet me goed,' zegt hij. We toosten op het leven. We lachen. Hij kan nog brieven schrijven op de laptop. Aan zo'n brief zit hij soms een hele morgen te werken. Hoe zal het gaan wanneer zijn handen niet meer willen? Hoe ver kan het iets worden teruggebracht dat het leven nog van hem wil?

Bolletje

De herfst heeft zich in ons land genesteld. Uit een diepe kast haal ik dozen en ordners vol blocnotes, schriften, losse papieren en aantekenboekjes in allerlei maten en kleuren, stuk voor stuk in de loop der jaren volgekrabbeld met ideeën voor toekomstige schrijfsels. Ik neem de teksten vluchtig door. Er zijn wel aardige observaties bij, waarmee een kinderboekenschrijver als ik wel raad zou moeten weten, maar toen ik dit alles noteerde was mijn herinneringsbron nog lang niet uitgeput. Alleen lucht is niet genoeg voor mijn verbeeldingskracht.

De meeste schriften gaan zo de prullemand in. Sommige bewaar ik voor je weet maar nooit.

Ik krijg de smaak van het wegdoen te pakken, zet spullen aan de straat. Er gaan kleren naar de kledinginzameling. Er gaan flessen naar de glasbak, dozen met CENTRAAL BOEKHUIS erop gaan platgestampt naar de papierbak. Auto wordt verkocht. Schoon schip.

Het is eind oktober, alle vrouwen tussen de vijftig en vijfenzeventig uit mijn straat moeten naar de mammografie. Ik niet meer. Ik heb twee jaar geleden voor het laatst afscheid genomen van de laborante in de bus achter het oude gemeentehuis. Een kloeke vrouw, expert in het borsten pletten. 'Kan het nog ietsje verder, houdt u het uit? Adem inhouden. Ja, mooi, dat was dat.' Alles altijd oké, en boven de vijfenzeventig ga je dood aan andere kwalen. Dan ben je rijp voor middagdutjes.

Uit solidariteit met mijn buur- en overbuurvrouwen knijp ik na een kwartiertje dutten zomaar even in mijn borsten en prijs mezelf gelukkig omdat die niet meer onder de pletmachine hoeven. Onder in de linker zit een harde gevoelige plek. Precies op die plaats begonnen vroeger de borstontstekingen met een stuwing die niet op wou lossen, hoe je je baby ook aan het zuigen zette terwijl je de plek zachtjes masseerde. Ik waan me terug in het verleden, zou wel weer een baby aan willen leggen. Maar mijn kindjes van toen zijn veertigers geworden. Boven op die harde plek zit trouwens een piepklein wiebelig bobbeltje. Zoiets heb ik wel eens eerder gehad aan de andere kant. Niks bijzonders. Mastopathie. Maar de rechter voelt nu glad en gaaf. Best een verschil met de linker. Goed te voelen als je zo ontspannen op je rug ligt.

Ach, je weet maar nooit. Omdat ik morgen toch naar de huisarts ga met een oor dat uitgespoten moet, laat ik hem de harde plek met het wiebelige bobbeltje ook maar even voelen.

Vijf

Twee dagen later moet ik naar het ziekenhuis voor foto's, echo's. Ik mompel wat tegen de radioloog over die harde pijnlijke plek onder in mijn linkerborst, over vroeger, dat ik daar toen ook al last van had bij het voeden, maar de dokter snoert me de mond.

'Mevrouw, dit is serieus,' zegt hij met een grafstem. 'Heel serieus.' En hij wrijft verwoed met dat apparaatje over mijn borst. 'Dit is een heel serieuze zaak.'

Dat had ik inmiddels ook al wel begrepen. En ik denk aan alle pijn die ik juist op die plek heb gehad, dat het misschien geen toeval is dat daar na een halve eeuw een ontaarding heeft plaatsgevonden. Dat zulke plekken haarden kunnen worden voor boosdoeners. Zwakke schakels in je lijf. Dat alles flitst door mijn hoofd, maar ik mag niks meer zeggen, omdat de dokter het voor een afleidingsmanoeuvre aanziet. Het tegendeel is waar. Ik ben juist koortsachtig op zoek naar een oorzaak, een houvast. Een handvat.

'Mevrouw, dit wordt prikken,' zegt de dokter met diezelfde grafstem.

Een verpleegkundige met meewarige blik laat me horen hoe het klinkt als er een biopt uit wordt geklikt. Twee keer hoor ik 'klik'. De dokter gaat nu door met zijn echo en mompelt iets over de okselklieren, dat die schoon lijken. Maar verder is het mis. Ik krijg het hoogste waarschijnlijkheidscijfer. Een vijf. Ik moet straks meteen mijn kinderen bellen, mag dit weekend niet alleen zijn.

Dan kom ik overeind van die harde bank en zeg: 'Jullie praten alsof dit een begrafenis is. Maar ik ben toch niet dood. Ik leef toch nog!'

Ik geloof dat mijn stem een beetje overslaat bij dat laatste zinnetje.

Het meisje laat me de lapjes vlees zien die ze in een potje heeft gestopt.

'Je kunt er zo aan zien dat het fout is,' zegt ze.

'Maar dat wist die dokter toch al meteen? Ik kreeg toch al een vijf? Waarom dan ook nog dat geprik? Het lijkt me niet gezond om zo'n gezwel open te steken.'

'Het hoort erbij,' zegt het meisje. En ze zegt dat ik nu naar de Mammacare moet en wil me erheen begeleiden.

'Naar de wat?'

'Naar de afdeling voor zorg en begeleiding bij borstkanker.'

'Maar waarom wilt u mee?'

'Vanwege de schok,' zegt ze. 'Dat u niet gaat dwalen.'

'Hoor eens, als dit een van mijn kinderen was overkomen, dan zou je me over je schouder mogen hangen. Maar dit red ik nog wel. Ik ben zesenzeventig.'

Terwijl ik dit zeg denk ik aan Astrid Lindgren, die op deze leeftijd haar zoon heeft verloren aan een hersentumor.

Haar zoon, in de kracht van zijn leven.

Bij de Mammacare word ik vriendelijk en vooral rustig ontvangen.

'Maar dat cijfer vijf dan?' vraag ik.

De verpleegkundige reageert of een vijf de normaalste

zaak is van de wereld. Het is hier huiselijk. Ze maakt een afspraak voor me bij de chirurg. Van hem krijg ik over tien dagen de uitslag te horen.

'Over tien dagen pas?'

'Ja, dat lange wachten is een ellende. We weten het. Maar het schijnt niet anders te kunnen.'

Ik bel mijn kinderen. Mijn zoon, die met zijn gezin in New Orleans woont, en mijn oudste dochter, die voor lezingen op Aruba zit, verwensen beiden de oceaan, maar mijn oudste kleindochter wil meteen met de trein naar me toe. Nee, nee, niet nu in de avond, het is al zo laat en je moet morgen vroeg weer naar school, zeggen haar beide ouders tegen haar. Maar ze denken meer dan ze zeggen.

Ondertussen regelt mijn jongste dochter opvang voor haar jongens en komt na een wakkere nacht met een rugzak vol verrassingen naar me toe. Het wordt een dag uit duizenden. Ze blijft slapen. En al zijn de andere twee niet meteen in de buurt, in die tien dagen van wachten en bellen komen ze me alle drie nader dan ooit.

Een chirurg in opleiding bevestigt wat ik al wist, bekijkt de plek, tast de omvang af van het gezwel, knikt bemoedigend, maakt omineuze knipbewegingen in de lucht en laat me weten dat hij die operatie wel ziet zitten. Borstsparend, verduidelijkt hij.

Reacties

Ik strooi het nieuws niet om me heen, maar het vindt zijn weg alras naar de buitenwereld.

Er komen nogal wat reacties. Sommige blijven hangen.

Jeugdvriendin in Zweden vraagt: 'Wordt het een taartpunt?'

Bevriend collega roept: 'Sodeju!'

Tuinman kondigt aan: 'Ik rij wel even langs voor een ziekenbezoekje.'

Tweede kleindochter zingt: 'Tears in heaven'.

Koorlid zegt: 'Ik heb een kaarsje aangestoken bij Jeanne d'Arc in de Notre Dame.'

Neefje haalt in zijn mail de brief aan van de mier aan de egel bij Toon Tellegen:

Beste egel,

De mier.

In die brief stond alles.

Adviezen

Nu volgen de adviezen.

'Je moet niet zomaar naar dat ziekenhuis. Er zijn veel betere.'

'Het minste dat je kunt doen is een second opinion halen.'

'Zorg ervoor dat je een kamer alleen krijgt.'

'Als ik jou was zou ik alles weg laten halen. Ben je overal vanaf.'

'Vergeet niet dat dit een opleidingsziekenhuis is. Ik weet van een chirurg die rustig zijn studenten in opleiding op borsten loslaat en dan loop je voor je het weet met een brievenbus op je bast.'

'Laat je niet te snel naar huis sturen. Als je niet mondig optreedt, sta je de volgende dag alweer op straat.'

'Hou die mensen in de gaten, van hoog tot laag. Er worden de vreselijkste fouten gemaakt.'

Ik krijg ook goede raad van experts op het gebied van ziekte en dood: 'Je moet nu leren dat jij je ziekte niet bent maar hebt.'

Die laatste zin treft doel. Ik ben ik en ik blijf ik en die ik is en blijft de baas over dit lijf. Ik zou nu bijvoorbeeld naar de Lofoten kunnen vertrekken, of naar IJsland, en daar doen wat volgens een hardnekkige mythe gebruikelijk was bij oude zieke mensen die voelden dat de dood hen op de hielen zat. Van een hoge rots af springen, de zee in.

Maar ik kan ook vragen of ik geen chirurg in opleiding aan mijn borst hoef. Sterker nog, ik kan gaan onderzoeken welke arts mijn voorkeur heeft.

Eén naam heb ik al meerdere keren horen noemen. Een prima chirurg met veel ervaring. Mijn oude vriend Simeon is door hem geopereerd. Die dokter wil ik ook.

Tot mijn vreugde en verbazing wordt er vriendelijk gereageerd op mijn verzoek. Ik moet iets langer wachten dan ik had gehoopt, maar krijg de chirurg van mijn keus.

Brief

Eerst moet de poortwachtersklier verwijderd. De schildwacht, zo wordt hij ook wel genoemd. Ik zie de soldaten met berenmuts in hun hokje staan voor het paleis in Kopenhagen. Stalen gezichten in de zomerhitte. Hoe ik er op mijn twaalfde eentje aan het lachen probeerde te maken. Hoe dat bijna lukte.

Nu valt er niks te lachen. Die schildwacht moet weg.

'Zo gauw mogelijk maar,' opper ik.

'Zodra er tijd is, mevrouw.'

Na bijna drie weken is er tijd. Een jonge chirurg zal die eerste operatie uitvoeren. Een betrekkelijk kleine ingreep onder plaatselijke verdoving.

Voor het zover is word ik in het ziekenhuis van hot naar her gestuurd, tot in de catacomben, naar een afdeling die Nucleaire geneeskunde heet, alsof ik op ruimtevaart zou gaan. Maar er wordt alleen een blauwe radioactieve vloeistof in mijn borst gespoten die via het lymfestelsel de route moet wijzen naar de poortwachter.

Op de dag van de operatie valt er 's morgens een dikke brief in de bus, afkomstig van een bevriend collega met wie ik al jaren correspondeer. Vellen vol schrijft hij, niet zelden met de hand. De overgebleven ruimte vult hij meestal met tekeningen. Deze keer heeft hij gekozen voor een groot keukenmes en twee levendige wortels met springerig loof. Ze staan op een dun los velletje dat op het gele briefpapier geplakt is en steken met hun oranje kleur fel af tegen de achtergrond. Het is al een paar maanden geleden dat we voor het laatst contact hadden.

Ik knip de tekening van de brief en prik hem op het prikbord boven mijn tafel. Geef hem een titel: 'Met wortel en tak'. Als dit geen gunstig omen is!

Vol goede moed vertrek ik met een vriendin naar het ziekenhuis.

Deze eerste ingreep heeft inderdaad niet veel om het lijf. Het ergst is het wachten na afloop. Tien dagen duurt het voor ik de uitslag van het weefselonderzoek te horen kan krijgen. In die periode heb ik een gesprek met de chirurg die over een paar weken de operatie gaat doen.

'Van mij mag u gerust die hele borst weghalen,' zeg ik.

'Niet nodig,' zegt de dokter. 'Een tumor als deze van anderhalve centimeter kan borstsparend verwijderd worden. Dat is medisch verantwoord.'

'Toch nog een geluk bij een ongeluk,' zeg ik.

'Als de schildwacht schoon is mag de vlag uit,' antwoordt de dokter. 'En mocht dat niet zo zijn, dan gaat de rest van de okselklieren ook weg.'

'En als die ook besmet zijn, wat dan?' vraag ik.

'Dan stuur ik u naar de oncoloog en gaat u onder de scan.'

Ik denk aan de enige hoopgevende woorden van de radioloog – de okselklieren lijken schoon – en ik put kracht uit de wortel-en-tak-tekening op mijn prikbord.

Snelweg

Op de tiende dag stap ik samen met mijn oudste dochter achter de jonge chirurg aan zijn spreekkamer binnen.

Met een stem uit de onderwereld vertelt hij dat de poortwachtersklier flink besmet was. 'Macro' heet dat.

Dit is een streep door de rekening. Ik pak de hand van mijn dochter. Twee trillende handen in elkaar. Geen vlag uit. Maar ook niet halfstok, ik leef nog. Hoe is dit mogelijk? Die sombere radioloog dacht dat hij schoon was. En nu blijkt hij flink besmet.

Wat kan er in drie weken niet allemaal gebeuren in zo'n borst? Met mijn lekenverstand gooi ik de schuld op de biopsie. Er is immers een opening gemaakt in het gezwel, er is een snelweg ontstaan voor cellen die wel eens de wijde wereld in willen.

Net als ik deze veronderstelling aan de dokter wil voorleggen, slaat hij het dossier dicht en schuift zijn stoel naar achteren. Het maakt natuurlijk ook niks uit, het kwaad is geschied, maar ik kan het niet laten naar het hoe te zoeken en lanceer mijn theorie bij een van mijn troosteressen van de Mammacare. Zij knikt en zegt dat het niet uitgesloten is dat er in die drie weken tussen de biopsie en de operatie wat celletjes zijn ontsnapt, maar dat het waarschijnlijk niet zo snel gaat.

'Die biopten waren totaal overbodig. Ik kreeg meteen al

de hoogste score, moest mijn kinderen bellen, mocht niet meer alleen zijn. Waarom hebben ze dat gezwel er niet meteen uit gehaald? Tegelijk met die schildwachtklier? Nu is de weg weer vrij voor al het losgeslagen kroost dat wil oprukken naar de volgende klieren.'

'Er zijn regels,' zegt mijn troosteres met een zucht. 'Dacht je dat een gezwel zich daar iets van aantrekt als het zijn nageslacht de wereld in stuurt?'

'Nog een paar weken geduld, dan wordt het weggehaald. Tegelijk met alle okselklieren. De rest van de borst mag blijven zitten. En je wordt niet voor niets nog bestraald.'

's Avonds praten mijn dochter en ik rustig en ontspannen over het leven dat zomaar op losse schroeven gezet kan worden, en we voelen een verbondenheid die losstaat van zekerheden.

Ik zou de andere twee er nu ook bij willen hebben en denk terug aan die keer in Lapland, toen ik samen met mijn jongste dochter haar broer en zus tegemoet liep, die met z'n tweeën een week lang in totaal isolement door het ruige landschap hadden getrokken. Aan dat ogenblik toen we het tweetal in de verte zagen opdoemen, gebogen onder hun rugzak, geleid door zon en kompas. Aan dat ogenblik van weerzien, aan mijn moederhart dat opsprong.

Koffertje

Toen mijn rode koffertje zes weken geleden voor de vierde keer dit jaar op Schiphol was geland, stopte ik het thuis in een diepe kast, waar het rustig op adem mocht komen, wat mij betreft een heel jaar lang. Een heel jaar lang geen reizen, geen nieuwe indrukken erbij in dat toch al altijd overvolle hoofd.

Nu rolt het weer achter me aan door eindeloze gangen. Het 'mind your step' gonst in mijn hoofd. Een goede vriendin loopt deze vroege morgen net als ik met haar koffer door lange gangen, op weg naar een vliegtuig dat haar ergens in Afrika zal brengen, samen met haar nieuwe geliefde, die geheel onverwacht op haar pad is gekomen. Elf jaar heeft ze als weduwe alleen geleefd. Zij en ik gingen vaak samen op reis. Vorig jaar nog, naar Oekraïne. Op een oud Russisch cruiseschip van Odessa over de Zwarte Zee naar de Krim, terug langs de Dnjepr omhoog, tot aan Kiev. Het was voor dit schip de laatste tocht. Dat verklaarde de kuil in de matras en andere ongemakken.

Op de Zwarte Zee spookte het. Er vloog van alles door de hut. Maar we hadden instructies gekregen wat te doen als er echt iets misging. Er waren zwemvesten gedemonstreerd. Reddingsboten aangewezen. Ik dacht aan de afscheidsbrief die ik vóór deze reis aan mijn kinderen had geschreven en thuis op mijn schrijftafel had achtergelaten.

Eenmaal in wat rustiger vaarwater op de rivier zag ik daar 's nachts als ik niet kon slapen enorme industriecomplexen langs de oevers oprijzen. Overdag legden we soms ergens aan. Eén keer in de eenzaamheid bij een verlaten gebouwtje waaromheen een groep vrouwen koopwaar had uitgestald. Knolletjes en kool en bloemen uit eigen tuin, peertjes, pruimen, maar vooral kleden en geborduurde lopers, die aan lange waslijnen hingen te wapperen, fris gewassen en gestreken, zodat de verfijnde kleuren van de bloemmotieven tot hun recht kwamen. Sommige waren wat verbleekt, maar dat maakte ze nog aantrekkelijker. Hoeveel generaties vrouwen hadden hier in dit verlaten stuk land op lange winterdagen zitten borduren om hun ikonen met een loper van eigen hand te omhangen? En hoe konden ze hier nu zomaar afstand van doen?

Ze vroegen er niet veel voor, schreven de bedragen met een takje in het zand of met een potscherf op de stenen. Ik kocht een arm vol lopers, stuk voor stuk subtiel van kleur en patroon.

Mijn medereizigers gingen op een heuvel in het bos een gedenkteken bewonderen voor de plaatselijke dichter Sjevtsjenko, die het Oekraïens tot literaire taal had verheven. Zij hadden bij deze vrouwen boeketjes gekocht om onder zijn standbeeld te leggen. Ik voelde me grieperig en ging na mijn kleine uitstapje op bed liggen.

Na een tijdje hoorde ik door het raampje van mijn hut gezang van schelle vrouwenstemmen. Liederen met een diepe ondertoon, klanken zonder opsmuk, aanstekelijke melodieën. Ik kwam overeind en zag de vrouwen van zo-even vlak aan de oever zitten op lange banken aan een plank op schragen, vol hompen brood, bekers en flessen. Met wiegende bovenlijven zaten ze te zingen, het plezier spatte in het rond. Maar het was meer dan alleen plezier. Dit was zingen of je leven ervan afhing. En ik ging weer liggen met mijn billen weggezonken in de kuil van mijn matras, terwijl er straaltjes langs mijn wangen liepen en mijn grieperigheid werd weggevaagd.

Zo ging het een jaar geleden, nu schuift mijn oudste dochter het rode koffertje onder een bed zonder kuil, waarin ik word voorbereid op de operatie. Ik krijg de chirurg van mijn keus. Thuis ligt een nieuwe afscheidsbrief aan mijn kinderen.

Wakker

Ik word wakker in een onbekende ruimte. Wil nog wat zeggen tegen de dokter die me zojuist vertelde dat hij nu precies zou gaan doen wat we afgesproken hadden. Ik mompelde iets over een taartpunt. Taartpunten hoorden tot het verleden, zei hij. Er waren nu wel betere operatietechnieken. Ik wou nog zeggen dat dit de Zweedse standaardbenaming voor dit soort operaties is. Meer een grapje dus eigenlijk. Zweedse humor. Maar ik zie hem nergens meer, ik ben hier alleen, het is gebeurd, ik ben wakker. Ik beweeg de vingers van mijn linkerhand. Ik til mijn arm op, eerst de ene, dan de andere, tot een klein eindje boven het dekbed, ik beweeg de vingers van beide handen snel op en neer. Er zitten nog woorden in mijn hoofd, hele zinnen die ik met mijn mond uit kan spreken, met mijn vingers uit kan drukken. Ik denk, dus ik ben. Maar ik weet nu even niet wie dat ook al weer zei.

Zorg

Iemand rolt me een zaal in waar het bezoekuur in volle gang is. Naast me wordt druk gekwetterd. Er moet een been geamputeerd, hoor ik een vrouwenstem zeggen. Zacht gebrom als antwoord, geen zweem van emotie.

Het is een oude man. Hij krijgt non-stop verzorging. Zijn haren worden langdurig geborsteld. Een meisje heeft het over 'een weerbarstige pluk'. Als ze zijn kapsel op orde heeft trekt ze het gordijn tussen hem en mij open.

Hij draait zijn hoofd in mijn richting en vertelt me dat hij een scootmobiel heeft en een aangepaste auto en dat hij zich in zijn eentje prima redt. Ook als dat been eraf is.

Zijn verhaal gaat nog een tijdje door, het klinkt steeds zachter. Ik zak weg in gedoezel. Tot ik gewekt word door een meisje dat mijn bloeddruk komt meten. Ze doet de band om mijn linkerarm. Hij zuigt zich er vast omheen.

Ik schiet klaarwakker en roep: 'Is dit wel de bedoeling, ik ben hier net geopereerd! Alle lymfeklieren zijn uit mijn oksel verwijderd.'

Het meisje weet niet hoe gauw ze de band om mijn andere arm moet leggen. Ik besef dat het hier zaak is op mijn qui vive te blijven.

Even later komt een ander meisje me in mijn kleren helpen.

'Graag de wijde bloes met die rij knoopjes aan de voorkant,' zeg ik.

Ze rommelt wat in mijn koffertje en ondertussen vertrouwt ze me toe dat ze als de dood is voor dokters en tand-
artsen.

'Goh, waarom heb je dan voor dit beroep gekozen?'

'Je moet toch wat,' mompelt ze en ze diept een T-shirt op.

'Dit kan ook wel,' zegt ze.

Voor ik het weet haalt ze mijn hoofd door de halsopening
en wurmt mijn armen door de armsgaten.

'Zo, dat zit prima,' constateert ze.

Ik zegen de pijnstillers.

Snurken

De lichten gaan uit voor de nacht. Er daalt een weldadige rust neer over het zaaltje. Tot ik naast me dwars door het dunne witte gordijn iets zie opflikkeren. Mijn buurman heeft zijn tv aangezet. Een voetbalwedstrijd moet het zijn, het geluid is uit, maar hij verzorgt zelf de rol van commentator. In detail krijg ik te horen hoe het spel verloopt. Na een tijdje probeer ik hem te overstemmen met de vraag of hij misschien dat commentaar achterwege wil laten. Maar hij hoort me niet, hij gaat door. En het licht blijft flikkeren en ik lig hier op mijn rug en wacht tot de wedstrijd is afgelopen, tot de duisternis naast me valt en het commentaar plaatsmaakt voor gesnurk.

Hier lig ik dan met het rode koffertje onder mijn bed. En ik denk aan mijn vriendin, die haar vliegtuigmaaltijd nu zeker heeft verorberd en zo dadelijk gaat landen op de plaats van haar vakantiebestemming. Zou haar nieuwe geliefde ook snurken?

Fris

'En nu lekker fris onder de douche,' zegt een verpleegster de volgende morgen tegen me. Een vrouw van middelbare leeftijd.

'Ik nu al lekker fris onder de douche?' herhaal ik verbluft.

'Dat kunt u best, hoor. Het douchehok is hier in het zaaltje, die deur recht tegenover uw bed.'

Ik schuifel erheen met mijn toilettas en de infuuspaal, doe de deur open en word verwelkomd door een stank die diep uit het riool lijkt te komen. Hier douchen lijkt me niet lekker en vooral niet fris, denk ik en ik poets in een vloek en een zucht mijn tanden aan de wasbak. Dan loop ik de gang maar eens in. Wie weet is er in de volgende zaal een frissere douche. De fles met bloed en vocht die aan mijn zij met een slang vastzit heb ik aan een haakje op de infuuspaal gehangen. Zo lijk ik weer een hele piet. Voel me als de vrouw die bij ons door het dorp sjokt met heel haar hebben en houwen in een winkelkarretje.

Op de gang ontmoet ik twee soorten mensen, mensen met haast en mensen zonder haast. Een meneer zonder haast trekt mijn aandacht omdat hij, net als ik, naar iets op zoek lijkt. Hij komt uit de zaal naast de mijne en is bloot op een klein broekje na, waarop palmen staan afgebeeld. Aan de voorkant zijn ze als harmonica's in elkaar gedrukt door zijn immense buik, maar aan de zij- en achterkant waaieren ze breeduit over zijn billen. Hij loopt op groene badslippers en tuurt om zich heen. De zonnebril ontbreekt nog. Waar zou hij naar op zoek zijn? Naar een frisse duik in de oceaan, gis ik.

Douche

Vies en wel weer terug in mijn bed zie ik een jongen met een trekker ons zaaltje binnenstappen. Hij trekt er sporen mee over de vloer. Een kaarsrecht spoor in het midden van de zaal en zijsporen tussen de bedden.

Goh, zo kan het ook, denk ik en ik ben al blij dat hij mijn rode koffertje onder het bed geen hengst geeft.

Als de jongen de zaal weer uit loopt, vraag ik hem de deur van het douchehok even open te doen. Hij doet het, maar nog voordat hij zijn hoofd naar binnen heeft gestoken gooit hij met een vertrokken gezicht de deur weer dicht.

'Zou daar geen loodgieter bij gehaald moeten worden?' vraag ik hem.

Hij zal zijn best doen dat voor elkaar te krijgen, zegt hij samenzweerderig en hij verlaat de zaal met zijn trekker.

In het uur dat volgt gebeurt er niks. Dan komt er een verpleegster binnen, die de bewuste deur even open- en dichtdoet en zonder een woord wegloopt. Even later een tweede. Deur open, deur dicht, en wegwezen.

Ten slotte verschijnt er een vrouw met een emmer. Ze groet ons monter en vertelt voordat ze de deur van het douchehok opent dat ze van de legionellabestrijding is.

Zonder blikken of blozen verdwijnt ze in het hok en na een kwartiertje met veel gespetter en gespoel komt ze vrolijk naar buiten.

'Ziezo, het is hier weer lekker fris,' zegt ze. 'En nu allemaal onder de douche.'

Canto

Tijdens de operatie zijn er hartritmestoornissen ontdekt.
Dat verbaast me niets. Mijn hart sloeg bij die onderzoeken
al flink op hol. Het ergst als je zo'n koker in moest en daar
een aantal minuten totaal onbeweeglijk moest blijven lig-
gen. Alsof het zo je lijf uit wou springen. Zodra de cardioloog aan mijn bed is geweest mag ik naar
huis. Hij laat de hele dag op zich wachten. Tegen etenstijd
komt er een arts in opleiding. Hij legt me uit hoe het zit met
dat gefladder van mijn hart.
'Stelt u zich een orkest voor, met op de bok een dirigent.
Die dirigent houdt met zijn stokje de boel bij elkaar, zorgt
voor een harmonische vertolking van het muziekstuk. Maar
het komt wel eens voor dat hij de regie kwijtraakt, de macht
over het orkest verliest. Dan gaan de muzikanten op eigen
houtje door. Er zit niets anders op, het stuk moet gespeeld,
ze kennen de noten, ze redden het wel zonder de man met
het stokje. Het rammelt aan alle kanten, maar ze slaan en ze
blazen en ze strijken zich erdoorheen.
Kijk, mevrouw, zo is het dus gesteld met uw hart. Dat is
de regie kwijtgeraakt en alle omliggende spieren hebben iets
van die taak overgenomen. Ze redden het met z'n allen, maar
vraag niet hoe! Het gaat er nu om dat de dirigent het heft
weer in handen krijgt.'
'Zodra ik weer in mijn eigen huisje zit en urenlang mag

luisteren naar *Canto Ostinato* van Simeon ten Holt, komt alles in orde,' zeg ik. 'Denkt u ook niet?'

De jonge dokter kijkt me aan, verrast, met een blik vol herkenning. Van hem mag ik naar huis.

Dirigent

Mijn oudste dochter komt me halen. Thuis pakt ze het rode koffertje voor me uit en zet het achter in de diepe kast. Hoe lang zal het daar nu mogen blijven? Net als ik in bed lig, word ik opgebeld door het ziekenhuis. Die jonge dokter had een beetje eigengereid gehandeld. Zijn baas heeft me een paar soorten medicijnen voorgeschreven. Over een week of zes wil hij me zien.

Aha, denk ik. De dirigent van het behandelorkest heeft zelf het heft weer in handen genomen. Ik zal braaf pilletjes gaan slikken. Maar ik luister ook naar *Canto*, ooit door Simeon gecomponeerd toen het leven nog zo veel van hem wilde. Steeds weer datzelfde patroon van klanken, waarin zo nu en dan kleine verschuivingen plaatsvinden, die je meenemen naar een verte waar ze openbloeien. Ik geef me eraan over, voel nieuwe energie mijn lichaam binnenstromen, en ik zie in een flits de maker aan zijn raam zitten, naar buiten kijkend, hopend dat hij morgen dood wakker zal worden. Zo zegt hij dat de laatste tijd: 'dood wakker worden'. Uit de muziek die hij heeft geschapen kan hij zelf voor dit leven geen krachten meer putten.

Bellen

Nu even niet bellen, zo vlak na de operatie, heb ik gezegd tegen vrienden en familie. Niet tegen mijn kinderen natuurlijk, die zijn onder en boven de wet.

Simeon belt de volgende morgen.

'Je gaat het redden,' zegt hij. 'Ik weet het, je gaat het redden. Ik heb de hele nacht wakker gelegen, ik heb voor je gebeden.'

Hij voor mij gebeden? Gelooft hij dan? Hij praat wel af en toe over 'God na de dood van God'. Ik vind die uitspraak wat vrijblijvend klinken, maar er zit iets aanstekelijks in. Herkenbaars ook. God na de dood van God is de meest persoonlijk denkbare God. Veel te persoonlijk om vastgeketend te worden aan een bepaalde geloofsovertuiging. Teruggebracht tot de essentie. De scheppende kracht die nodig is geweest voor het ontstaan van het heelal, van onze aarde, nodig voor ons voortbestaan. Die God roep ik zelf ook wel eens aan als de nood zo hoog is dat ik geen andere uitweg zie. En dan vraag ik me echt niet af of ik geloof in degene die ik aanroep: 'Lieve Heer, help me, help hem, help haar, help ons, zorg dat...'

Dat heet bidden. Dat heeft hij gedaan. Voor mij. Terwijl ik zelf die behoefte in deze situatie nog niet heb gevoeld.

Pleisters

Mijn dochter bestiert haar gezin nu op afstand. Twee nachten blijft ze logeren. Dat klinkt als een feest en dat is het ook voor mij. Nou ja, niet alleen feest. De pleisters moeten we er na die twee dagen zelf af trekken. En dan de wonden lekker schoonspoelen onder de douche. Een fluitje van een cent, is ons verzekerd door een van de kekke meisjes in het ziekenhuis. En ik mag altijd bellen naar de Mammacare.

Als het zover is dat we in actie moeten komen, bezorgt alleen de aanblik van de pleisters in hun donkerrode omgeving ons al rillingen. In plaats van telefonische hulp in te roepen halen we er een gepensioneerde verpleegster bij, die wat verderop in mijn straat woont. Voor haar is het geen kunst. Hup twee, trekken maar, en dan met de douchekop langs de wonden gaan tot die er keurig uitzien. Ze plakt er kompressen op en weet zeker dat ik het verder prima zal redden. Zelfredzaamheid, het kenmerk van de moderne patiënt. Daar stuurt onze samenleving het op aan. Daar varen we allemaal wel bij.

Ze blijft nog even napraten, we drinken koffie en keuvelen wat over de buurt. Ik scherm mijn trillende kopje af als ik het naar mijn mond breng.

Wanneer ik later die middag alleen op de bank zit denk ik nog eens na over dat woordje 'zelfredzaamheid'. Mooi klinkt het niet, wel nuttig.

Jezelf kunnen redden, daar ben ik een warm voorstander van. Alleen nu even niet.

Hulptroepen

Hulptroepen dienen zich aan. Er komt een zusje, een schoonzusje, een buurvrouw. Buurtgenoten staan voor me klaar. De trombosedienst verschijnt aan huis en mijn dochter regelt zelfs dat er na enige dagen een oncologisch verpleegkundige van de thuiszorg komt.

'U zult het wel druk hebben met alle patiënten die zo snel uit het ziekenhuis zijn ontslagen,' zeg ik tegen haar.

'Ik doe vooral terminale begeleiding,' antwoordt ze. 'Maar ik zou willen dat ik meer tijd kreeg voor mensen zoals u, die nu maar geacht worden het zelf te redden.'

'Hoe is het dan mogelijk dat ik naar u ben doorverwezen?'

'Dat hebt u te danken aan de inspanningen van uw dochter.'

Ze bekijkt de wonden. Die zien er niet helemaal goed uit, ik moet er vaker de douche op zetten. Minstens één keer per dag. Stromend water is het beste voor de genezing. Ze helpt me de eerste keer, geeft me instructies. Dat lijf redt zich nu wel, maar in mijn hoofd is het een warboel, vertrouw ik haar toe. Met haar luisterend oor, haar intense blik, haar rust en betrokkenheid slaagt ze erin enige orde in mijn chaos te scheppen. Ik mag haar altijd bellen.

Over het verdere verloop van de ziekte kan ze uiteraard niets zeggen. Wel heeft ze ervaren dat de patiënten die in de wirwar van behandelingen hun eigen koers niet uit het oog verliezen er over het algemeen het best doorheen komen.

Orkaan

Na een dag of wat begint de telefoon weer regelmatig te rinkelen. Nu wil men wel eens weten hoe het met me is.

'Er is van alles uit gehaald dat weg moest.'

'Maar hoe voel je je?'

Ik probeer te voelen hoe ik me voel.

'Ben je dan niet doodop? Heb je geen pijn?'

'Jawel, maar ik red het met om de zoveel uur twee paracetamolletjes.'

Elke keer diezelfde vraag: 'Hoe is het nu met je?'

Ik kan geen antwoord bedenken en zie de mensen voor me in New Orleans, de stad waaruit mijn zoon met vele anderen moest vluchten toen Katrina in aantocht was.

'*How's your home?*' was de eerste vraag die ze bij hun terugkeer kregen na een ballingschap van maanden.

Antwoorden genoeg.

Weggevaagd, verzwolgen, benedenverdieping volgelopen, het kan nog opgelapt, alle meubels beschimmeld, fotoboeken doorweekt, brieven. Geprobeerd ze te drogen, maar de inkt is uitgelopen, geen letter meer te lezen. Kleurrijke verhalen over de gevolgen van een orkaan.

Ik heb geen verhalen over mijn orkaan, weet niks van de gevolgen. Dierbaren om mij heen worden heen en weer gezwiept. Ik niet, ik zit in het oog.

Over een week krijg ik te horen of het erop of eronder is.

Verrassingsfeest

Wie nu op bezoek komt neemt een maaltijd mee. Kant-en-klaar, ovenklaar, panklaar. Tafeltje dekje, ezeltje strekje. Er steekt een fles uit een mand, bedekt met een geruite theedoek. Ik zit erbij en kijk ernaar, smul ervan. Na een paar uur zijn mijn gasten weer weg en is de keuken er beter aan toe dan voor hun komst. Een blinkend fornuis. Zo gaat dat deze dagen bij mij thuis. En altijd vind ik na afloop iets in de ijskast, een bakje met een maal dat zo de diepvries in kan. Mijn oudste dochter vult een hele la met porties zelfgemaakte lasagne. Voor later. Voor andere tijden. Betere tijden, slechtere tijden. Ik weet het niet, ik weet niks. Alleen dat dit alles me overkomt als een verrassingsfeest. Een surpriseparty die wat mij betreft mag duren. Dagelijks gast in eigen huis, en ook nog welverdiend. Voor een plichtsgetrouwe ziel als ik is dat laatste van levensbelang. Voor wat hoort wat. Ik heb ervoor geleden, mag ervan genieten, ook al valt er geen kroonjaar te vieren.

Maar als ik volgende week goed nieuws krijg, dan moet ik binnenkort weer zelf aan het fornuis.

Tekens

Nog nooit hebben zo veel zwarte vogels zich verzameld in de kale eik, die ik zie vanuit mijn bed. Honderden doodgravers. Ze zitten er roerloos, in stilte, dicht tegen elkaar aan op de takken, hun silhouetten scherp in de schemering. Gefixeerd als op een foto. Opeens gebeurt er iets wat mij ontgaat maar wat de vogels massaal in beweging brengt, ze kwetteren hard en rauw, stijgen op en vliegen weg in een dichte zwerm. Leeg staat de boom er nu in het halfdonker bij. Ik doe het licht pas aan als het takkenpatroon in het donker is opgelost.

Sneeuw

Ik maak mijn eerste boswandeling. Ongerepte sneeuw op het pad. Even een aarzeling voor ik een stap zet in de zachte vacht en die verstoor met de stempels van mijn zolen. Als ik een zijpad insla, zie ik daar een zwarte kraai heel langzaam oversteken. Hij stoort zich niet aan mij, strompelt door de sneeuwlaag. Ik wacht tot hij de overkant van het pad bereikt heeft. Maak een sprongetje over zijn spoor in de sneeuw.

Een zwarte vogel heeft mijn pad gekruist, maar gaat zijn eigen weg, dat is een gunstig teken, net als de zwerm die laatst wegvloog voor mijn raam.

De laatste dagen denk ik vaak aan de schrijver August Strindberg, bij wie het wemelt van de tekens. Een roestig hoefijzer op straat, twee takjes op het pad in de vorm van een kruis, wolkenformaties, lichtreflecties, geuren, wierook, selderij, overal zag, rook en voelde hij tekens, die zijn leven ten goede of ten kwade zouden keren. Uitgeleverd was hij eraan.

Vlak bij mijn huis stopt een bestelauto van een loodgietersbedrijf. MORS staat erop.

Dat je zo iemand je gesprongen leidingen durft te laten repareren! Dat zo iemand zijn naam durft te houden. Dat hij er niet een 'e' achter koopt, zoals meneer Rot vroeger bij ons in het dorp deed. Rote, heette hij van de ene dag op de andere. Morse.

Met morsetekens kun je signalen seinen. Dat leerden we vroeger bij de padvinderij. SOS, drie keer kort, drie keer lang, drie keer kort, 's avonds met een zaklamp. Morse, zo'n loodgieter zou ik wel in huis halen.

Een eigen morsesignaal heb ik de hele herfst in huis gehad. Een dagpauwoog, die meestal met ineengeklapte vleugels op de vensterbank zat, maar ze af en toe even uitsloeg en mij zijn ogen toonde. Vier grote zwarte ogen staarden me aan als hij van achter de citroenplanten tegen het raam op fladderde. Ik zette een vingerhoed met water voor hem neer en hield hem in de gaten. Tergend lang kon hij onbeweeglijk blijven zitten, en elke keer schrok ik weer even van het onverwachte vleugelgeklapper en van die doordringende zwarte blik.

Ik hing mijn bestaan op aan het zijne. Maar nu is hij dood. Hij is een natuurlijke dood gestorven na een uitzonderlijk lang vlinderleven.

Waarom kon hij niet in leven blijven tot na mijn wachttijd van tien dagen? Tot ik weet of het voor mij erop of eronder is?

Moorkoppen

'Uw man heeft kanker,' zei een dokter ooit tegen mijn toen achtenveertigjarige tante. 'Maar u mag het hem niet vertellen. En zeg ook niets tegen uw zoons.' Zo leefde ze bijna een half jaar met haar gezin. Kookte wat lekkerder dan anders. Geen spruitjes meer. Geen andijviesliertjes.

'Wat eten we tegenwoordig lekker,' zeiden de jongens.

'Dat is om vader beter te maken.'

'En als hij weer beter is, moeten we dan weer lof en spruitjes?'

'Als hij beter is ga ik moorkoppen bakken,' zei hun moeder.

'Waarom nu niet?' vroegen de jongens.

Ze bakte moorkoppen. De laatste in het leven van haar man.

Kerstrozen

Mijn oudste dochter kwam laatst bij me met een bosje kerstrozen. Meestal krijg je die als plant, maar zo kan het ook, zei ze. Ik zette ze in een rank wijnkarafje.

Na een uur hingen ze slap over de rand. Ik liet ze staan, ze moesten alleen even wennen aan de kamertemperatuur. Ze zouden zo wel bijtrekken.

Toen vertelde mijn dochter me iets over de man in de bloemenstal bij haar om de hoek, waar ze al haar bloemen koopt. Een lange blozende man in de kracht van zijn jaren. Een man van 'zeg het met bloemen'. Hij stopte haar wel eens een extra bosje toe. Vandaag had hij nog wat woorden aan zijn bloemen toegevoegd.

'Je zult me hier binnenkort niet meer zien,' had hij tegen haar gezegd. 'Ik ben ziek. Kanker in de alvleesklier. Al een tijd, hoor, maar ik ben gewoon doorgegaan. Af en toe een dagje thuis vanwege de chemo, maar dan er weer tegenaan. Ik heb een gezin, opgroeiende kinderen, dan kun je toch niet bij de pakken neer gaan zitten. Nu hebben de dokters me opgegeven. Ik weet niet hoe lang ik nog heb. Maar daar hou ik me niet mee bezig. Ik heb mijn bloemenstal, ik ga door.' En hij gaf haar dat extra bosje kerstrozen.

Het is nu bijna een week later. De rozen hangen nog steeds over de rand van hun ranke vaas, maar ze bloeien erop los.

Tentamen

Vroeger, tijdens mijn studie aan de UVA, toen nog de GU, ging het zo: je deed examen in een van de grote zalen die uitkeken op de binnenplaats van de Oudemanhuispoort. Die van de juridische faculteit was links naast de ingang. Daar zaten veel van mijn vrienden en vriendinnen zo'n drie kwartier te zweten voordat ze de deur uit kwamen om in de gang te wachten op de uitslag. Wanneer het overleg tussen de examinatoren was afgelopen werd de kandidaat binnengeroepen. Soms ging dat snel: 'Geslaagd,' riep hij of zij als hij weer naar buiten kwam. Of blozend: 'Cum laude'. Maar het gebeurde ook wel dat ze een preek kregen met als slotwoorden 'drie maanden'.

Over drie maanden terugkomen was natuurlijk geen feest, maar ook geen ramp, 'zes maanden' was minder leuk, 'negen maanden' bepaald geen sinecure, 'twaalf maanden' een kleine catastrofe. Maar het allerergste dat een student kon overkomen, was ontslag. De heren professoren hadden geconstateerd dat er voor deze student aan de universiteit niets te halen viel. Dat die het geluk maar elders moest zoeken. Als je dat te horen kreeg stortte je wereld in.

In het ziekenhuis hanteren ze dezelfde procedure, alleen in omgekeerde volgorde. Bij drie maanden stort je wereld in, bij ontslag met een gelukwens van de dokter mag de vlag uit.

Positivo's

'Positief denken', hoe vaak heb ik dat niet gehoord de laatste weken. 'Kop op, je zult zien dat het allemaal goed komt. De dokters zijn zo knap tegenwoordig.' Er worden voorbeelden aangehaald van moeders en schoonmoeders en tantes en nichten en vriendinnen en vriendinnen van vriendinnen, die allemaal precies hetzelfde hebben meegemaakt en die nu weer volop in het leven staan. Lotgenotes die weer uren nordic walken en naar Tibet reizen en duiken in een Griekse baai. Niks meer aan de hand. Even de tanden op elkaar, en weg is hij, de boze droom. Positief denken, daar gaat het om! Je zult eens zien!

Nog een paar dagen, dan is het zover. Dan moet ik, mag ik naar de uitslag van mijn operatie.

Positief denken, dat klinkt mooi. Het zal wel loslopen. Moet ik dan weer met die gedachte de spreekkamer binnenstappen van mijn chirurg die me misschien wel gaat vertellen dat de andere lymfeklieren ook besmet bleken en dat daarmee de weg is vrijgemaakt naar de rest van mijn lijf?

Ik zag laatst de dokter van de poortwachter bij een van de patiënten die hij opriep zijn duim stiekem omhoogsteken. Die vrouw wist het al voor ze naar binnen ging. Bij de volgende deed hij niks. Ik kijk morgen niet naar de hand van mijn chirurg, ik wacht op zijn woorden. En wat hij ook zegt, ik laat me niet kisten. Er is geen pilletje dat mijn hart in toom kan houden. Zelfs *Canto* zou er deze dagen geen greep op kunnen krijgen.

Positief denken, wat is dat? Al die lotgenotes bij wie het zo goed is afgelopen schijnen dat te kunnen. Maar er zijn er ook die niet worden genoemd. Die hadden drie maanden gekregen.

Vangnet

Als ik dat woordje 'positief' nou eens vervang door 'constructief', bedacht ik vannacht. Er is tenslotte een bouwsel ingestort, of althans ten dele, en dat zal weer hersteld moeten worden.

Er moet een betere constructie worden uitgedacht. Zoals in mijn schuurtje dat omgebouwd werd tot logeerkamer. In de zware steunbalk die dwars door de ruimte loopt ontdekte ik kleine gaatjes. Houtwurm had er een gangenstelsel doorheen geknaagd. Ik zei tegen de timmerman dat het foute boel was daar binnen in die balk, maar hij verzekerde me dat die nog prima was en goed te gebruiken als ondersteuning voor de plankenvloer waarop matrassen gelegd zouden worden, vlak onder het puntdak. 'Maakt u zich geen zorgen, mevrouw, die balk is immers na honderd jaar nog kerngezond.'

'Maar die gaatjes dan?'

'Die zijn oud en allang verlaten.'

Ik moest hem wel geloven, en liet hem zijn gang gaan. Maar toen er een keer een nogal omvangrijk echtpaar zou komen logeren, heb ik er een onafhankelijke expert bij gehaald. Deze keer een architect.

'Die balk daar met de gaatjes, die vind ik verdacht.'

'Die balk is prima,' verzekerde de architect. 'Maak je geen zorgen.'

Hij is de expert, herhaalde ik als een refrein toen ik tijdens de nacht voor de logeerpartij het omvangrijke echtpaar door de vloer omlaag zag storten en aan een vangnet dacht, in Zweden verplicht in het circus onder trapezewerkers. Een levensgrote hangmat onder mijn slaapzoldertje. Een visnet zoals we dat vroeger wel eens ophingen bij verjaarsfeesten, met bloemen van crêpepapier erin gestrooid, maar dan wel een net van het sterkste touw, dat elke plof weerstaat. Daar lagen ze te spartelen, ongedeerd. Wat een vooruitziende blik had die gastvrouw toch.

Nachtelijke visioenen van een achterdochtig mens. Maar de timmerman en de architect hadden me verzekerd dat de balk prima was. Er zat nu echt niets anders op dan het lot van mijn gasten in hun handen te leggen. Net zoals ik mijn eigen lot nu in de handen moet leggen van doktoren die er verstand van hebben.

Maar dat ene zinnetje waar alles om draait, het zinnetje waar ik het meest naar verlang: 'dat lijf is prima', dat zullen mijn artsen niet uit kunnen spreken, zelfs niet als de uitslag zo gunstig als mogelijk is.

Antennes

De twaalfde dag is aangebroken. Ik mag, ik moet naar de uitslag. Wil niets liever, wil niets liever niet. Mijn jongste dochter gaat deze keer met me mee. Ik voel mijn hand nog trillen in die van de oudste. Moet haar zusje dat nu ook meemaken? Wat doe je je kinderen aan? Zij hebben ook borsten, zijn nog te jong voor het tweejaarlijks bevolkingsonderzoek, zij zien hier in de wachtkamer hun leeftijdgenoten zitten. Zij hebben kleine kinderen. Ze gaan mee met hun moeder, houden haar hand vast op het cruciale ogenblik.

Samen zitten we te wachten op de chirurg. Anderhalf uur in een ruimte waar meer mensen dan wij bijna barsten van de spanning. Ik probeer tevergeefs ergens houvast te vinden voor mijn blik. Mijn mantra werkt niet meer, de loper met de fraaie tekst die boven mijn schuifdeuren hangt: 'Elk ogenblik is een geschenk'.

Elk ogenblik is een vloek, raast er door me heen.

En dan worden we eindelijk gehaald door een assistent en mogen naar binnen bij de dokter. Niet mijn eigen chirurg die de grote operatie heeft gedaan. Die is vandaag afwezig. Het is ook een ander dan de slechtnieuwsdokter van laatst. Dit is een dokter die ik nog nooit eerder heb gezien. Grote diepliggende ogen, waar hij intens mee naar zijn papieren kijkt, zware donkere wenkbrauwen. Het witte haar verraadt ooit zwart te zijn geweest, het hangt sluik naar voren. Hij bladert door het dossier en richt zijn hoofd op, kijkt me aan met een open blik. Een open blik zegt nog niks. Alles is nog mogelijk. Of zou een open blik hetzelfde zijn als een goednieuwsblik? Die vorige dokter keek me nauwelijks aan terwijl hij zijn slechte nieuws bracht. Zou deze me bij slecht nieuws al van tevoren met een open blik durven aankijken? Zou hij daarmee al willen zeggen dat ik niet alleen maar een geval ben, maar ook een mens? Een mens die een open vizier verdient? Zijn blik geeft geen valse hoop, wil me overal op voorbereiden. Zijn blik geeft me moed.

De dokter brengt goed nieuws. De verwijderde klieren zijn schoon. Alle okselklieren behalve die ene, de schildwacht, die eerder is weggehaald. Ik geloof hem niet, heeft hij wel de goede papieren voor zijn neus? Hij is invaller, dit is het dossier van iemand anders. Ik zat een paar weken geleden nog naast een vrouw in een wachtkamer die aan een vriendin vertelde dat haar moeder eerst een goede uitslag had gekregen en daarna opgebeld werd met de woorden: Helaas, het was een vergissing. Maar nu leest de dokter tegenover mij op wat er op het papier staat. De details kloppen. Dit gaat over mij. Operatie geslaagd. Ik wil iets doen, hem omhelzen, maar er zit een tafelblad tussen hem en mij. Ik pak zijn hand en schud die. Hij pakt van plezier mijn andere hand. Dan omhels ik mijn dochter. Zij en ik omhelzen elkaar, een beetje onwennig met die dokter erbij.

De dokter begint te vertellen wat er nu verder nog allemaal gaat gebeuren. Hij noemt een rijtje therapieën op. Radiotherapie. Vijf jaar lang hormoontherapie.

'Dat laatste lijkt me overbodig voor iemand van mijn leeftijd,' zeg ik. 'Ik ben al een dagje ouder.'

'Dat hoort u mij niet zeggen,' zegt de dokter.

Ik zie zijn wenkbrauwen, zwaar en zwart. Ze vormen een golvende lijn boven zijn ogen. Waarom epileert hij niet dat stukje vlak boven zijn neuswortel, denk ik. Wat zou hij er mooi uitzien als hij dat deed. Als een filmster uit mijn jeugd. Hij zou zich kunnen meten met Gregory Peck. *A Roman Holiday*. Peck op de scooter, de vermomde prinses achterop. Audrey Hepburn. Zij was mijn idool. Ik legde een hepburnkopje aan. Ik met mijn hepburnkopje achter op de scooter bij die dokter met twee gescheiden wenkbrauwen. Langs de Tiber, langs het Forum Romanum, het Colosseum. We scheuren het verkeerslawaai aan flarden. Elk ogenblik is een geschenk.

Nu hoor ik hem praten. Hij zegt iets over een antenne, over een gaspedaal.

Waar in godsnaam heeft hij het over?

Maar dan is hij al uitgepraat. Hij staat op en steekt me zijn hand toe. We nemen afscheid. Hij werkt maar één dag per week in dit ziekenhuis, zegt hij. De kans is niet groot dat ik hem nog eens zal ontmoeten.

Mijn dochter en ik zweven door de lange gang. Ik zou sprongen willen maken, zijwaartse luchtsprongen, maar durf niet. Stel dat ik iemand tegenkom. Een dokter, de dokter. Nou en? Zou hij dat gek vinden? Ze maken nogal wat mee, die dokters. Van wanhoop tot euforie. Euforische luchtsprongen door de gang en je armen erbij op en neer klappen. Iets voor mijn kleindochters.

Vorig jaar heb ik nog met ze touwtjegesprongen. In spin de bocht gaat in, uit spuit de bocht gaat uit. Wel vier keer achter elkaar. Dat ik daarna twee maanden bij de fysiotherapeut moest lopen had ik er wel voor over. Nu ga ik nog een tijdje naar de radiotherapie, dat spreekt vanzelf, dat hoort erbij, en dan is het over.

Mijn dochter heeft aantekeningen gemaakt, zegt ze, in het opschrijfboekje dat ik haar gaf.

'Aantekeningen?'

'Het was me nogal een verhaal,' zegt ze. 'Zo beeldend heb ik een dokter nog nooit horen vertellen.'

'Ik heb maar twee woorden gehoord. "Antenne" en "gaspedaal".'

'Die waren ook cruciaal.'

'Cruciaal?'

'Heb je dan niet geluisterd? Hij vertelde toch dat de tumor die er bij jou uit is gehaald een antenne heeft voor oestrogeen. Zodra hij oestrogeen in zijn buurt vermoedt drukt hij op zijn gaspedaal. En dan gaat hij spurten.'

'Maar hij is er toch uit?'

'Ja, dat is wel zo, maar er kan nog een celletje tussendoor geglipt zijn.'

'Dat is niet tot me doorgedrongen,' zeg ik.

'Je moet dus oestrogeenremmers slikken.'

'Zei hij "moet"?'

'Nou, nee hoor, zo zei hij het niet.'

Dan geeft ze mij het boekje terug waarin ze haar aantekeningen heeft gemaakt.

'Hormoontherapie. Eén keer per dag oestrogeenremmers slikken gedurende vijf jaar. Bijwerkingen zijn mogelijk overgangsklachten, opvliegers, droge ogen, uitdroging van vaginale slijmvliezen, stijvere gewrichten, botontkalking.'

'Heeft hij dat allemaal zitten vertellen?'

'Ja, en de resterende borst moet bestraald. Vijfendertig bestralingen, binnen vier à zes weken na de operatie. Uitleg volgt van de radiotherapeut.'

'Dat van die bestraling spreekt vanzelf. Maar aan vijf jaar overgangsklachten begin ik niet.'

'Het is niet zeker dat je die klachten krijgt.'

'Daar heb ik nou antennes voor.'

Ze knikt. Ze kent me.

'Het was trouwens wel een leuke dokter,' zeg ik.

'Jammer alleen van die doorgegroeide wenkbrauwen,' zegt zij.

Generale

'Dit was de generale,' zegt mijn jongste dochter als we elkaar 's avonds toedrinken.

We praten weer over gewone dingen, over werk en kinderen, maar ik merk dat niks meer gewoon is. Alles krijgt een hoofdletter, een uitroepteken! Ze heeft muziek voor me meegenomen. Met haar antenne voor wat haar moeder nodig heeft laat ze me meevoeren door Russisch-orthodoxe mannenkoren, Armeense doudoukmuziek, Gregoriaans sologezang, Turkse soefimuziek. Klanken waar geen woorden tegenop kunnen. Balsem voor rusteloze geesten.

En als dan echt het uur komt van de première die tegelijk finale is, het definitieve afscheid, zal zij weten welke klanken er op dat ogenblik mogen klinken.

Feestballon

Onder mijn arm zit een kussen. In dat kussen zit het lymfevocht dat nu geen kant meer op kan en niet zomaar in staat is nieuwe wegen te vinden. Als het te lastig wordt mag ik naar de Mammacare. Daar is het al een paar keer afgetapt in een bakje, een bleekroze, verlichtende stroom waar geen eind aan leek te komen. En elke keer werd me ingeprent dat ik het nu zo lang mogelijk moet volhouden.

Ik hou vol, vier een verstilde kerstavond met mijn jongste dochter live bij mij thuis en haar gezin op Skype. Het kussen begint weer te zwellen. Alsof er stiekem iemand lucht in aan het blazen is.

Op tweede kerstdag komen mijn broer en zus met vrouw en man. Ze hebben een kerstdiner bij zich in manden en bakken. Terwijl de vrouwen in de keuken staan, praten de mannen over het digitale gebeuren en economische perikelen. Ik zit erbij met de arm op de leuning van mijn stoel. Voel hoe het kussen opgepompt wordt. Waar gaat dit heen? Wanneer barsten de wonden open?

Tijdens het feestdiner lijkt het wel of de wijn linea recta naar het kussen stroomt. Ik hou mijn arm zo ver mogelijk opzij, bang dat het vel zal barsten bij de minste of geringste aanraking met mijn lijf. Als een feestballon.

En daar zit ik dan te midden van mijn lieve familieleden die praten over malse kerstham, over wintersport, over afvallen. Ik kijk naar de buik van mijn zwager, een slankie vergeleken met mijn ballon. Rustig nu, doe mee, hou je arm opzij. Denk aan de woorden van moeder als je het bijltje ergens bij neer dreigde te gooien: 'Held, hou het nog één nachtje vol.' Morgen is het feest, jouw feest, dan mag je weer naar je redsters in nood van de Mammacare met hun naald die jouw ballon laten knallen.

Puntschoenen

Nu moet ik naar de internist-oncoloog, die alles weet van antennes en gaspedalen. Het is een jonge man met een sluike blonde lok. Onder zijn witte lange jas piepen opvallende schoenen tevoorschijn. Ze zijn lichtbruin, bijna oranje, ze glimmen als spiegels en zijn scherp gepunt. Van die schoenen waarvoor je naar Parijs moet, schiet er door me heen, zoals Jan Siebelink het tegenwoordig doet, na zijn literaire successen. Zulke schoenen koos Siebelink natuurlijk uit als reactie op het schoeisel van zijn spartaanse vader, die zijn leven lang moest zwoegen op de kwekerij. Die misschien voor zondag één paar zwarte had staan, elke week liefdevol opgepoetst door zijn vrouw. Bij deze dokter zullen ze ook wel dienstdoen als lichtpunt in de duisternis van het zware beroep dat hij heeft gekozen. Ik zie hem ermee in een kek sportwagentje zitten, met wapperende haarlok. Ik hoor hem met die oranje punt op de gaspedaal drukken.

Hij kijkt in mijn dossier en zegt dat het er goed uitziet. Hij schat me tien jaar jonger. Leest voor dat ik schrijver ben en leef van mijn pen. Aan wie heb ik dat verteld? Wie heeft dat opgeschreven? Ik waan me ver weg van alles wat ziekte heet en wacht verdere vragen af over mijn schrijverschap. Zoals dat meestal gaat. Bereid me voor op de minzaam vriendelijke, lichtelijk teleurgestelde reactie als ik zeg dat ik voor kinderen schrijf.

Maar dan komt het.

'Als u echt tien jaar jonger was geweest had ik u chemo gegeven.'

Wat krijgen we nou? Het zag er toch goed uit? schiet er door me heen. Bof ik even dat ik tien jaar ouder ben. Trouwens...

'Maar ik heb wel een hormoontherapie voor u. Die geven we aan mensen in uw situatie. Vijf jaar elke avond een pilletje slikken.'

'Is dit regel?' vraag ik, inmiddels weer geheel bij de les.

'Als u het niet doet hebt u 70 procent kans dat er geen uitzaaiingen komen, en als u het wel doet 85 procent. En mocht u het middel niet verdragen of last krijgen van overgangsverschijnselen, van osteoporose of gewrichtsklachten, dan heb ik nog wel iets anders voor u. Tegen klachten van depressieve aard kan ik u ook iets voorschrijven.'

'Maar dokter, ik heb nu al last van overgangsverschijnselen en ik reageer nogal heftig op medicijnen, dus ik vrees het ergste voor mijn levenskwaliteit als ik hieraan ga beginnen.'

'Het is aan u,' zegt hij kort. En dan: 'Over een week bel ik u op om het een en ander nog even met u door te praten. Maakt u maar een afspraak met de assistente.'

Een week later belt de internist-oncoloog.

Ik heb me voorbereid op een gesprek waarin de voors en tegens voor een geval als het mijne nog even worden afgewogen. Maar de dokter stevent recht op zijn doel af met de vraag of ik me heb bedacht.

'Nee, dat niet, maar ik dacht dat we...'

'Dag mevrouw Verschuur,' zegt de dokter. Ik zie de scherpe schoenpunten onder zijn witte jas fonkelen.

'Maar dokter,' roep ik nog, 'zo kunnen we dit gesprek toch niet beëindigen! Ik dacht dat u voortaan mijn behandelaar bent, u kunt immers het hele dossier overzien. Er zijn nogal wat verschillende zaken aan de orde. Hartproblemen en zo. En die schildklier. En wat geeft u voor voedingsadviezen?'

'Geen,' zegt de dokter. 'Ik zou alleen geen plofkip eten.'

'Maar wie is van nu af mijn hoofdbehandelaar?'

'U gaat maar weer terug naar de chirurg of de radiotherapeut.'

Onmisbaar

Stel nou eens dat ik dertig of veertig was in plaats van zesenzeventig? Dat ik jonge kinderen had. Dat ik mezelf als onmisbaar beschouwde, zoals ik dat vroeger deed, doodsbenauwd dat mij iets zou overkomen en dat mijn immer fitte stiefmoeder de zorg voor mijn drietal op zich zou nemen.

Met hoeveel angsten leefde ik vroeger niet. Nooit samen met mijn man in het vliegtuig en de kinderen tijdelijk aan de zorg van vrienden, hoe toegewijd ook, overlaten. Nee, altijd met ons vijven op reis. Later, als ze het huis uit zouden zijn, zouden wij tweeën de schade inhalen en er samen op uit trekken. Later, als de kinderen op eigen benen konden staan. Maar zolang ze klein waren was ik onmisbaar. ONMISBAAR. Als ik toen deze diagnose had gekregen dan had ik alle, álle levensrekkende therapieën gretig aanvaard, geslikt en ondergaan. Hoeveel ellende ze ook met zich mee zouden brengen. Elk sprankje leven zou beter zijn geweest dan dood.

Stuurlui

'Neem een hometrainer.'
'Ga lekker fietsen voor de tv.'
'Drink geen koffie.'
'Drink veel koffie.'
'Eet geen vlees.'
'Eet goed vlees.'
'Eet tomaten.'
'Eet geen tomaten.'
'Drink wijn, geen melk.'
'Drink melk, geen wijn.'
'Eet veel bittere chocola.'
'Na vier uur 's middags geen chocola.'
'Ga de banketbakker nu niet mijden.'
'Opgepast voor suiker, *the white killer!*'
'Veel slapen. Desnoods met een pil.'
'Geen slaappillen alsjeblieft.'
'Veel rusten.'
'Veel lopen.'
'Luister naar je lichaam.'
Dat laatste advies treft doel. Ik luister naar mijn lichaam.
Naar alle wensen van dat lichaam. Oude en nieuwe wensen.
Tegenstrijdige wensen. Ik zit met een handvol wensen, trek
er af en toe een tevoorschijn. Zoals een willekeurige kaart bij
het kwartetten voordat je overzicht hebt. Mijn hoofd gaat

ervan tollen. Ik heb nou wel gekozen voor levenskwaliteit, maar waar moet ik die vandaan halen?

Polsstok

In Stoops bad in Overveen stond op de wand van het grote bassin een spreuk, die ik als kind tijdens het zwemmen kon zien en wel eens hardop uitsprak: 'Mens sana in corpore sano'.

Toen ik eenmaal wat Latijn had geleerd, begreep ik ook wat die spreuk betekende: een gezonde geest in een gezond lichaam. Leuk en lekker bleek dus ook gezond te zijn. Zwemmen in een zwembad vind ik tegenwoordig leuk noch lekker, ik moet mijn lichaam en geest langs een andere weg zien te verenigen.

Door te weigeren de komende vijf jaar elke dag zo'n pil te slikken hoef ik in elk geval het contact tussen die twee niet te verliezen, maar heb ik wel vrijwillig afstand gedaan van 15 procent extra overlevingskans. Dat knaagt soms een beetje. Niet dat ik spijt krijg, dat niet, maar ik moet nog wel aarden in mijn besluit. Het is een beetje als polsstokspringen. Je hebt je stok in het midden van de sloot geplant, je polst de afstand, voelt dat je die goed hebt ingeschat en zet af voor de sprong. Daar ga je, hoog de lucht in aan je stok. Je vertrouwt erop met je hakken op een stevige oever te landen, maar bent wel voorbereid op modder, natte voeten. Zelfs een nat pak heb je er voor over. En de kans dat je zult verdrinken is zo klein dat die niet opweegt tegen het plezier van de sprong, het mogen landen op eigen benen.

Kanker

Er druppelen nog dagelijks brieven en kaartjes binnen van vrienden en bekenden, stuk voor stuk vol medeleven.
'Wat naar voor je wat er allemaal gebeurd is...'
'... gehoord wat jou heeft getroffen.'
'... moeilijke periode...'
'... je ziekte...'
'... je heelkundige behandeling...'
'... het slechte nieuws over je gezondheid...'
'... een afschuwelijke tijd...'
'... het akelige lot...'
'... de veelkoppige demonen van pijn en zorg...'
'... een schokkend bericht...'
'... akelig ziektebeeld...'
'... een niet benijdenswaardige positie...'
'... hoorde dat je narigheid hebt...'
Een vriendin schrijft me: '... in de hoop dat wat achter de rug is niet al te vreselijk was en dat wat je voor je hebt mee zal vallen.'
Het zijn allemaal zorgvuldig geformuleerde zinnen, en iedereen vermijdt dat ene woord. Net als ikzelf.
Eén keer noem ik mijn ziekte bij de naam. Dat is als een goede vriend bij het binnenkomen tegen me zegt: 'Goh, wat ben jij mager.'
'Dat komt door de kanker,' zeg ik. Het klinkt als een vloek.

Het staat voor dood en verderf. Ik vind het zelfs onaange-
naam dat woord hier voluit op te schrijven en neem genoegen met het veel minder beladen Ka. Dat is gewoon het
geluid van een kraai, en een meisjesnaam. Wel een bazige
tante, een bijdehante Ka, zo een die zich niet gauw in een
hoekje laat drukken. Maar ik ben ook niet van gisteren.

Magie

Het gekke is dat we het woord 'kanker' in samenstellingen voortdurend zonder blikken of blozen gebruiken. Weliswaar in overdrachtelijke zin, maar toch. Hou nou eindelijk eens op met dat gekanker! Dat idee zit er bij hem ingekankerd. Ben je nu eindelijk uitgekankerd? Het is net als met de pest. Pesten, pesterijen, pestkop, pesthekel, pesthaard, pestkruid, pestvogel. Een woord dat zo diep in de taal is doorgedrongen dat we ver zijn afgedwaald van de oorspronkelijke betekenis. De pest is uitgeroeid. De medische wetenschap staat niet stil. Maar de macht van de taal over de materie evenmin. Zou het met de kanker ook zo gaan als we maar genoeg blijven kankeren? Het woord raakt ingeburgerd, verliest zijn lading, en daarmee verwatert ook de ziekte zelf, wordt in één adem genoemd met griep, verkoudheid. En smelt weg. Is dat wat bedoeld wordt met magisch denken?

Radiotherapeut

Ik zit bij de radiotherapeut. Niet te verwarren met de radioloog die alleen de diagnose stelde. De radiotherapeut zal me begeleiden tijdens de radiotherapie.

'U krijgt nu zestien bestralingen,' zegt hij.

'Dat valt me mee. Ik dacht twee keer zo veel.'

'Mensen van boven de vijfenzeventig krijgen een dubbele dosis per keer,' verduidelijkt de dokter.

'Kunnen die daartegen?'

'Ja, dat is vastgesteld.'

Ik vertel dat ik door de internist naar hem ben verwezen omdat ik diens hormoontherapie heb geweigerd.

'Ja ja, zo gaat dat wel vaker,' zegt de radiotherapeut. 'Ook bij patiënten die voor een second opinion bij een ander ziekenhuis hebben aangeklopt. Die worden daar met open armen ontvangen, ingesluisd op een nieuwe therapie, maar als die niet aanslaat worden ze gedumpt. En dan zitten ze op een dag weer hier aan tafel.'

'Maar wie is dan mijn hoofdbehandelaar?'

'Goeie vraag,' zegt de dokter, maar hij blijft het antwoord schuldig.

Ik hoef ook eigenlijk geen antwoord, dit is een dokter die zelf van vragen houdt.

Dan laat ik hem mijn arm zien, die dikker aan het worden is.

'Beginnend lymfoedeem,' zegt hij. 'Tja, u moet het zo zien dat er door die arm een achtbaans snelweg loopt, waarvan er door de operatie zes zijn uitgeschakeld. Tijdens de spits leidt dit tot chaos. Op rustige momenten vloeit het verkeer rustig door.'

'Moet ik dan zo'n armkous als de opstopping te groot wordt?'

'Ja, compressie is belangrijk. De kans bestaat dat u een elastieken kous zult moeten dragen om de arm oedeemvrij te houden.'

'Ik maak me zorgen voor mijn schrijverij.'

'Je hebt ook spraakcomputers,' zegt de dokter. 'Maar zover zijn we nog niet, ik verwijs u nu eerst door naar een oedeemtherapeute.'

Als de dokter me de verwijsbrief heeft overhandigd, wil ik opstaan. Maar ik zie aan hem dat hij geen haast heeft. Hij praat nog even door, ziet mijn beroep in relatie tot het zijne. Hij vraagt zich af of hij wel het goeie heeft gekozen. Hij zou zo graag iets blijvends willen nalaten. Zijn vader was architect, die klaagde er ook al over dat de huizen die hij bouwde weer zouden vergaan. Ik hang aan zijn lippen.

'Maar u maakt mensen beter, er bestaat toch niets mooiers.'

'Ach, je weet zo weinig,' zegt de dokter. 'Schrijvers worden overleefd door hun boeken.'

'Boeken vergaan ook,' zeg ik. 'Vroeger verpulverden ze vanzelf, tegenwoordig worden ze vaak door de papiermolen gehaald.'

Hier kijkt de dokter van op.

'Maar wie laat er dan echt iets blijvends na?'

Ik opper iets over belangrijke lieden die standbeelden krijgen.

'Tja, maar die vergaan ook weer.'

En zo komt de dokter ten slotte terecht bij de farao's.

'Die blijven,' zegt hij.

Hoewel hij me weinig bemoedigends heeft kunnen zeggen over de ontwikkeling van mijn ziekte en dan nu in het bijzonder de zwelling in mijn arm, voel ik me gesterkt. Gewoon omdat een dokter uit het reguliere circuit, gebonden aan het strakke regiem van het ziekenhuis, zich een gedachtenwisseling met een patiënt heeft toegestaan, die losstaat van therapieën en medicaties.

Ondertussen is de wachtruimte volgelopen.

Hoofdbehandelaar

Wie is nu mijn hoofdbehandelaar, de radiotherapeut of de chirurg? Allebei of geen van beiden, maar bij wie van de twee kan ik terecht als ik ergens mee zit dat me verontrust? Op die vraag kan niemand me antwoord geven. Er is eigenlijk maar één plek in het ziekenhuis waar ik altijd terechtkan. De Mammacare. De verpleegkundigen daar staan altijd voor je klaar. Een van hen was de eerste die me opving na het alarm van de radioloog. Die me thee gaf en tijd en aandacht. Uitleg. Die met haar kalme stem het trillen uit mijn lijf wist te jagen. Die me deed voelen dat ik bij haar en haar collega's een veilige haven had gevonden.

Mammacare betekent borstenzorg. Maar als ik dat woordje 'mammacare' uitspreek, dan denk ik niet aan borstenzorg, maar aan moederzorg. Iemand die een patiënt in een ziekenhuis niet alleen informatie maar vooral moederzorg kan bieden, is voor mij hoofdbehandelaar.

Roerdomp

In de wachtkamer bij de oedeemtherapeute blader ik in een tijdschrift en stuit op een verhaal over de roerdomp. Ik heb hem in Zweden ooit in de verte gehoord, als een misthoorn boven het meer. 'Whoemp'. Ik wou niet meer weg bij dat geluid, bleef net zo lang met gespitste oren wachten tot het ophield. Gezien heb ik hem niet. Roerdompen zitten tussen het riet en zijn voor de mens nauwelijks te ontdekken. Zodra ze gevaar vermoeden nemen ze de paalhouding aan. Hun zwarte lengtestrepen maken dat ze niet van de stengels te onderscheiden zijn. Hun kop laten ze meebewegen met het deinen van het riet.

Mijn linkerarm is niet alleen wat gezwollen, langs de binnenkant ervan lopen pijnlijke harde strengen, net snaren waarop je wilt tokkelen. Strakgespannen als de pees van een boog. Strekken is onmogelijk. Ik kan de arm maar een klein eindje omhoog krijgen en volgende week, voor het begin van de radiotherapie, zal ik allebei de armen achterover moeten strekken wanneer ik die koker in ga voor de scan.

'Dat wordt spannend,' zegt de therapeute en ze geeft me een effectieve behandeling, die me heel wat hardere kreten ontlokt dan het sonore 'whoemp' van de roerdomp.

Ik krijg een reeks oefeningen mee voor thuis. Rekken en strekken. Armen de lucht in, handen gestrekt, vingers tegen elkaar. Een mooie rechte lijn. Dat is het streven nu.

'Maar het gaat er vooral om dat u goed leert ontspannen,' zegt ze.

Elke keer dat ik mijn armoefeningen doe, denk ik aan de roerdomp die een paal van zijn lijf kan maken. Bij het ontspannen denk ik aan zijn kop die hij mee kan laten bewegen met het wuivende riet.

Pluimage

Zodra ik binnenkom in de wachtruimte bij de radiotherapie valt de spanning voor de eerste behandeling van me af. Er zitten mensen van allerlei pluimage, het maakt niet uit waar ik ga zitten, het voelt overal vertrouwd. We zijn immers allemaal getatoeëerd en beschilderd rond onze cruciale plek, zodat we bij elke bestraling keurig in onze hoogstpersoonlijke vorm gemanoeuvreerd kunnen worden. We zijn allemaal een koker in geweest voor een scan. Dat was nog passen en meten in mijn geval met die arm die niet achterover gestrekt kon. Mijn omhoogstekende elleboog moest ondersteund worden door een hard kussen en het puntje bleef vervaarlijk de lucht in steken, het was een kwestie van millimeters.

Met de meeste mensen die hier zitten zou ik zo een praatje willen maken, maar ik deins terug voor de diep gedecolleteerde dame, die haar ziekte tentoonstelt met dat futuristische schilderij boven haar borstspleet.

Schuin tegenover me zitten twee mannen recht voor zich uit te staren. De een met een gebatikte doek om zijn hoofd, een t-shirt met korte mouwen. Zijn armen zitten vol tatoeages met draken en slangen erin. Hij draagt een slobberige joggingbroek, badslippers, zijn wangen staan hol en grauw naar binnen. Ik zie hem aan de kant van een smalle stoffige weg staan liften, ergens in India misschien, een verlaten landschap.

Vlak naast deze overjarige hippie zit een sportief geklede heer, een gentleman met glimmend gepoetste veterschoenen waaraan het klassieke gaatjesmotief cachet geeft. Een heer met een suède jasje over zijn fijnruitige overhemd. Ik zie hem staan op het bordes van een landgoed, ik zie hem slenteren door zijn rozentuin.

Zo dadelijk krijgen ze een voor een een oproep van de laborant. Mogen ze in het donker op die harde bank gaan liggen, nog lauw van de voorganger, onder dat monsterachtige apparaat dat met zijn roterende arm al zoemend en kuchend stralen uitstoot die iets in hun lijf moeten vernietigen. Iets wat daar de boel op stelten heeft gezet en een eigen leven is gaan leiden. En al zou de kasteelheer al zijn bezittingen ter plekke afstaan, hij kan zijn lijf er niet schoner mee kopen dan dat van zijn buurman.

Rochels

Bij thuiskomst na een van mijn eerste bestralingen zie ik een foto in de krant, zo afstotelijk dat ik er bijna niet naar kan kijken. Het is er een van een vrouwenborst onder zo'n stralingsapparaat. Je ziet alleen het bovenlichaam, arm naar achteren getrokken, littekens onder de oksel, een stelsel van strepen op de borst. Zo zie ik er dus ook uit als ik daar lig, in mijn patroon gesjord door meisjes met 'koude handen' – iets waarvoor ze me elke keer waarschuwen. Dat patroon vervaagt nogal snel en wordt geregeld bijgetekend, met blauwe en rode verf. Links door een meisje, rechts door een jongen. Steeds dezelfde aardige jongen met lichtbruine knikkers van ogen, een jongen die altijd iets vriendelijks zegt als ik met die nep-Mondriaan op mijn borst aan kom lopen door de smalle gang, waarvan de wand beplakt is met een behang van een fris groen berkenbos. Op kousenvoeten loop ik daar van mijn kleedhokje naar de bestralingsruimte en denk aan ons berkenbos in Zweden, waar ik zo vaak de lente heb verwelkomd als de muizenoortjes aan de takken verschenen en de witte bosanemoontjes eronder in grote plakkaten stonden te bloeien.

De jongen nodigt me bijna respectvol uit te gaan liggen op die harde smalle plank met boven het apparaat, tegen het plafond een lichtgroen bladerdak geplakt, zo luchtig dat de vormen van de esdoornbladeren duidelijk afsteken tegen het wit van de hemel.

En dan lig ik daar met mijn armen achterover gestrekt, handen stevig om een hendel. De linker nog wat krom en ondersteund door een extra kussen. Ogen dicht, rustig ademhalen, niet bewegen, helemaal ontspannen, verstand op nul. Alleen gericht op de geluiden die zich als een moderne compositie in mijn hoofd beginnen te nestelen: eerst de lange zoem, dan de korte zoem, gevolgd door een rauwe rochel vlak bij mijn oor en opeens een paar stoombootstoten, iets verder weg gelukkig. Dan wat heen en weer gesein van hoornsignalen, die dreigend naderen. Tot ze oplossen in een lange dialoog tussen zachte en schorre stemmen, waarbij ik de neiging krijg mijn keel te schrapen.

Ten slotte lijkt het of er met veel geraas een wc wordt doorgetrokken, alsof de hele stortbak in één seconde in de pot geleegd wordt. Het slotakkoord. Het meisje en de jongen komen weer binnen, ik mag naar huis. Tot morgen.

Drakenkoppen

Elke keer dat een taxichauffeur me na zo'n zoem- en kuch-sessie voor mijn huis heeft afgezet, wacht ik bij de voordeur tot hij is weggereden. In plaats van naar binnen te gaan loop ik zo snel als ik kan naar het bos. Het is geen kwestie van willen of moeten, maar van niet anders kunnen. Van snakken naar lucht en beweging. Zo veel mogelijk zuurstof naar binnen halen, en al lopend tussen de bomen de gifresten mijn lijf uit blazen.

Een vriendin zegt dat ik het niet zo negatief moet zien. Dat ik me tijdens die bestraling voor moet stellen hoe de vijand nu bestookt wordt. Hoe geweldig dit leger zijn vernietigingswerk doet. Juist door mijn sterke vertrouwen, mijn positieve krachten, draag ik zelf mijn steentje bij aan de totale uitroeiing van de onzichtbare boosdoener.

Maar ik zie geen leger. Misschien dat mijn kleinzoon er een in het leven zou kunnen roepen. Als hij met zijn klok-heldere stem naast me door het bos zou lopen en me zou vertellen hoe zijn ridders, de goeieriken, de sissende draak een kopje kleiner maken, en nog een kopje, nog een kopje... Hoe meer koppen er weer aangroeien, des te meer ridders snellen toe met hun zwaaiende zwaarden, net zo lang tot er geen nieuwe kop meer tevoorschijn komt en dat drakenlijf weg-smelt. De kracht van een kinderstem kan wonderen doen.

Maar in mijn eentje zie ik daar in die ruimte vooral een

zwaarbewapend leger aan komen stormen, dat ik weet niet hoeveel duizend goeieriken moet vernietigen om heel misschien één slechterik te pakken te krijgen. En ik stel me voor hoe die onschuldige stakkertjes als een hoop afval liggen te wachten tot ze ooit afgevoerd zullen worden.

Taxichauffeurs

Een tijd lang zijn mijn voornaamste gesprekspartners nu de taxichauffeurs. Er zijn oude mannen bij, dames met glimmende nylonkousen boven elegante laarsjes, jongens die nog maar weinig Nederlands spreken. Maar ze weten allemaal de weg naar de plek waar ik moet wezen.

Ik vraag aan de eerste of dit niet vreselijk deprimerend is, al die zieke mensen halen en brengen.

'Mevrouw, ik kan u vertellen dat de kankerpatiënten vaak nog het minst somber zijn,' zegt de chauffeur. 'Vooral de kinderen.'

'O ja, natuurlijk, die zijn er ook. Dat zal wel moeilijk voor u zijn.'

'Het gaat je door merg en been, zo vrolijk als de kinderen erop los kletsen en zo stil en bedrukt als die ouders erbij zitten. En zo machteloos als je je dan voelt.'

Ik krimp tot een speldenknobbel en zwijg de rest van de rit. Gooi het de volgende keren over een andere boeg.

'Het schiet al op,' zeg ik tegen een jonge chauffeur als ik over de helft ben.

'Ik weet er alles van,' antwoordt hij.

'U bedoelt dat u zelf?'

Hij knikt.

Hier valt voor geen van ons beiden iets aan toe te voegen. Ik hoop alleen dat ik straks door een ander gehaald word.

Ja, het is een ander, iemand die vertelt dat hij deze taxi-klus erbij doet. Verder schrijft hij stukjes voor bladen. 'Zo doe je nog wat stof op, hè,' zegt hij monter. 'Want je maakt wel het een en ander mee.'

'Wat dan bijvoorbeeld?'

'Nou, de eerste dag moest ik een vrouw met MS in een rol-stoel in Haarlem ophalen. Ik vroeg haar waar ze heen moest, maar ze wou helemaal niet naar huis. Ze bleef maar meerij-den, en maar kletsen hè. Op een goed ogenblik zei ik dat ik nu toch echt even een lunchpauze moest houden en dat vond zij een prima idee. Ze trakteerde me op een vorstelijk maal in een eetcafé en bleef die hele middag meerijden. Aan het eind van de dag zei ik: "Zal ik nu uw adres maar eens in-toetsen?" "Er zit niets anders op," verzuchtte ze, en toen ik haar afzette zei ze tegen me dat het een feestdag was ge-weest.'

Ik wuif hem na als hij even later voor mijn huis wegrijdt.

Koningin

Er zijn meer ritten die blijven hangen. Die tocht door de sneeuw bijvoorbeeld. De potige chauffeur, een ruige bink met tatoeages tot op zijn polsen, vertrouwt me al bij het wegrijden toe dat hij alle oceanen heeft bevaren. Dit werk doet hij sinds een paar jaar. Hij moet nog even iemand anders ophalen. Hij rijdt naar de afdeling Dialyse en parkeert daar na eindeloos geglibber en geglij in de rulle sneeuw vlak voor de ingang. Het lijkt wel of hij de koningin hier op gaat halen, denk ik. Zo iemand moet natuurlijk van de stoep zo in de auto kunnen stappen.

Als hij even later naar buiten komt met een fragiel wezentje aan zijn arm in een lange jurk met gouden rand die tot op de grond onder haar jas uit hangt, snap ik waarom hij al die parkeermoeite heeft gedaan. Ze is te broos en te wankel om los te kunnen lopen. Hij helpt haar achter in de taxi. Ik draai me om en groet en zie haar ineengedoken zitten in haar veel te dunne mantel. Zo iel met haar grote ogen in dat smalle gezichtje.

'Dit vrouwtje komt uit Somalië,' vertelt de chauffeur. 'Ze spreekt geen Nederlands.'

We rijden naar het asielzoekerscentrum, waar hij haar begeleidt en vooral ondersteunt naar de barak waar zij is ondergebracht. Ze hangt aan zijn arm. Het wordt een lange schuifelpartij door de sneeuw. De glimmend groene jurk met de gouden rand glijdt als een sleep achter haar aan door de bovenste laag.

'Zou dit de eerste sneeuw zijn van haar leven?' vraag ik de chauffeur als hij weer instapt.

'Zeker en gewis,' zegt hij. 'Sinds de zomer haal ik haar hier geregeld.'

Hij, haar troost en toeverlaat.

Zoon

Mijn zoon komt naar me toe uit New Orleans. Een week lang weg van werk, vriendin en dochter.

Als hij binnenstapt is mijn eerste gedachte: Dit was al die ellende waard, zomaar een week samen te mogen zijn met je oudste kind. Hoe vullen we deze dagen in? Wat doen we allemaal? Niks bijzonders. Na elke bestraling gaat hij met me mee het bos in of hij rijdt met me naar zee, we lopen langs de vloedlijn, tegen de wind in, met de wind mee. En hij haalt tassen met boodschappen, bakt salieblaadjes knapperig in de olijfolie voor door de pasta, Parmezaanse kaas erover, een feestmaal. We drinken rode wijn en we praten over vroeger en nu, zijn leven, zijn werk, mijn leven, mijn werk, kleine details, bijzonderheden waar je anders nooit aan toe komt met je volwassen kinderen, maar waar je als ouder zo naar verlangt. Het gretigst praten we over zijn dochter van bijna twee, mijn jongste kleinkind, fan van Nijntje.

Hij probeert haar tweetalig op te voeden, maar dat resulteert voorlopig in koeterwaals.

'Maar bijten doet ze als de beste,' zegt hij.

'Hoe bedoel je?'

'Ik zag haar laatst bij aankomst in de crèche de arm van een jongen pakken en naar zich toe trekken en kon gelukkig net op tijd ingrijpen.'

Ondanks deze beheptheid schijnt ze zeer in trek te zijn bij het andere geslacht. Een kleine bewonderaar zet elke avond aan tafel voor het eten een extra bordje voor haar neer.

'Je bedoelt zoals voor Jezus?'

'Zoiets.'

Als ik weer een afspraak heb met de radiotherapeut mag mijn zoon mee naar binnen. Ik zeg tegen de dokter dat mijn arm zich dankzij de oefeningen van de oedeemtherapeute redelijk koest houdt. Dan stroop ik mijn mouwen op en laat hem beide armen zien met de polsen omhoog. De linker is wel heel wat dikker, valt me op en ik druk een putje in het vel aan de binnenkant van mijn pols. Het verdwijnt langzaam weer.

'Zolang de putjes wegtrekken is het proces omkeerbaar,' zegt de dokter.

'Dus misschien ontkom ik aan de elastieken kous?'

'U bent op de goede weg,' zegt hij.

Verder valt er voor hem met mij op dit moment niet veel te bespreken. Met mijn zoon wel. De mannen praten bevlogen over de gezondheidszorg in Amerika. Ik zit erbij en ga op in hun gesprek, geniet van mijn rol als luisteraar.

De dag daarop rijdt mijn zoon me naar een winkelcentrum, waar ik tuinhandschoenen aanschaf om daar de welig tierende wilde rozenstruiken in mijn tuin mee aan te pakken – zelfs een prikje van een doorn kan fataal zijn voor de oedeemarm, is mij meerdere malen ingepeperd – en na afloop drinken we koffie in zo'n café waarvan mijn moeder op haar negentigste zei: 'Het is hier niet gezellig, maar ik vind het gezellig.'

Mijn zoon kiest een moorkop bij de koffie, ik een tompouce.

'Die heb je niet in Amerika,' zegt hij en ik zie hoe elke hap vergezeld van herinneringen bij hem naar binnen gaat.

Taart

Na de laatste bestraling vraagt de jonge laborant me of ik taart in huis heb gehaald. Nog voordat ik besef waar hij op doelt, steekt hij zijn hand naar me uit en zegt dat hij hoopt me nooit meer terug te zien.

Een jonge jongen, die aan zijn uiterlijk te oordelen weinig inheems bloed heeft en die respectvol afscheid neemt van een vrouw op leeftijd met een bloot bovenlijf dat hij zelf heeft moeten toetakelen met kleurige strepen. Ik hoop hem nog eens ergens tegen te komen. Zomaar op een perron of in een cafeetje. Ik zou hem daar best op een stuk taart willen trakteren.

Kleinzoon

Toen mijn kleinzoon van zeven hoorde dat oma ziek was, schrok hij. En toen er bij hem thuis nogal eens over gepraat werd en niemand hem kon vertellen wanneer oma weer beter zou zijn, sprak hij het verlossende woord. 'We praten er niet meer over en we denken er niet meer aan.' Zijn moeder vertelde me dat hij het onderwerp hiermee niet alleen had gebannen, maar zelfs had afgerond.

Kort daarna kreeg ik hem aan de telefoon. 'Dag oma, wat naar dat jij ziek bent.' 'Ja, rottig hè? Maar ze hebben dat stomme bobbeltje weggehaald.'

We zijn nu alweer weken verder, de radiotherapie ligt achter me, ik ben wat opgeknapt en bel hem. Ik zeg dat ik alweer wandelingen maak door het bos, dat ik er heel veel balanceerstammen heb ontdekt. 'Ik kom gauw logeren,' zegt hij.

Een week later, in de voorjaarsvakantie, zigzagt hij door het bos van boomstam naar boomstam en trippelt eroverheen met zijn armen wijd. Hij maakt een enorme sprong van een hoge stronk naar een liggende stam en weer terug. Ik applaudisseer. We kopen spek voor in de pannenkoeken en ik bak het krokant en we laten de stroop in monsters neerkrinkelen. 's Morgens komt hij bij me in bed om te kletsen. We praten over de ridders, die zijn tekenblok en zijn kamertje bevolken en die hevige gevechten voeren tegen de piraten.

Hij vertelt ook over school. Zijn Turkse vriend lacht nooit, zegt hij.

'Waarom niet?' vraag ik.

'Hij denkt diep na.'

'Volgens mij doe jij dat ook.'

'Ja, maar je kunt mij wel aan het lachen krijgen.'

Opeens pakt hij mijn arm en wijst naar een knobbel rechts boven op mijn pols.

'Wat is dat?' vraagt hij.

'Die knobbel hoort daar,' zeg ik. 'Aan de andere arm zit er ook een, kijk maar.'

Daarna pak ik zijn arm en laat hem het knobbeltje aan de buitenkant van zijn pols voelen. Ik druk erop en hij drukt op het mijne. Tring tring. We schieten in de lach.

Vriendin

Er komt een oude schoolvriendin bij me op bezoek. Ze woont in de Achterhoek, is wat ouder dan ik, maar staat nog volop in het leven. Doet veel vrijwilligerswerk. Ik ben blij verrast door haar komst. We omhelzen elkaar. Dan zeg ik tegen haar dat dit hele gedoe eigenlijk niet zo veel om het lijf heeft. Voor mij dan, op mijn leeftijd. Dat dit mijn eerste gedachte was toen de radioloog het 'een zeer serieuze zaak' noemde. Dat dit soort dingen er nu eenmaal bij horen in deze levensfase, dat er eigenlijk niet veel woorden aan vuil gemaakt hoeven te worden. Het lijkt wel of ik me sta te excuseren. Nee, het lijkt niet zo, het is zo. Ik voel me er ongemakkelijk bij. Een nieuw gevoel voor mij in deze situatie.

Mijn vriendin vat mijn verhaal niet op als een excuus. Ze antwoordt dat zij, mocht ze zelf ooit deze diagnose krijgen, zou denken: Ik heb wel voor hetere vuren gestaan.

Drie jaar geleden heeft zij haar zoon aan kanker verloren. Hij was nog geen veertig. Zijn vrouw bleef achter met drie jonge kinderen.

Gezondheidsmaniak

Van een kennis bij mij om de hoek, die al eerder door de molen is gegaan, krijg ik een boek te leen waar ik wellicht iets aan heb. *Antikanker* van David Servan-Schreiber. Ik blader er verstrooid in en leg het voorlopig weg, veel te bang dat mijn polsstoktheorie erdoor op losse schroeven wordt gezet. Nou en? Sta je dan zo wankel in je schoenen? In de loop van een wakkere nacht haal ik het boek van beneden en lees erin. Alleen al de koppen van de hoofdstukken trekken me erdoorheen. Hier wordt alles uit de kast gehaald wat deze ziekte kan beïnvloeden, positief of negatief. Bovendien gooit de schrijver zichzelf in de strijd en gaat uit van persoonlijke ervaringen als arts en patiënt. Dit spreekt mij aan, hier kan ik wat mee, dit boek sluit perfect aan bij de spreuk in Stoops bad: Mens sana in corpore sano.

Het confronteert me wel met mezelf, omdat ik me eigenlijk al decennia geleden had bekeerd tot gezondheidsmaniak. Het begon vlak na onze verhuizing naar Nederland. Elke morgen stond ik een bak vol sinaasappels uit te persen voor het vijfkoppige gezin. Allemaal een flinke bak muesli en de kinderen kregen donkerbruin zuurdesembrood van Loverendale mee naar school. We aten natuurlijk alleen biologische groentes. Dito vlees. Maar het liefst helemaal geen vlees meer. O, die keer dat ik de hele middag had staan zwoegen op notengehakt! Niet te pruimen, vonden ze het. Het was vechten tegen de bierkaai.

Op een dag vond de tuinman een berg boterhamzakjes met beschimmeld brood erin tussen de struiken onder het raam van mijn jongste dochter. De andere twee bekenden later dat ze hun lunchpakket vaak met klasgenoten ruilden voor witte boterhammen met hagelslag.

's Zomers in en om onze oude Zweedse boerderij was het andere koek, dan ging alles vanzelf. Daar maakten we er een sport van te leven van de natuur. We kweekten zelf onze groente, de meisjes trokken onkruid weg tussen de tere peentjes en de sla, ik kocht grof tarwemeel bij de molen aan de waterval en bakte ons brood. We haalden aardappels, melk en eieren in de boerderij naast de onze, mijn zoon viste snoeken in het meer, en met ons allen ontdekten we heerlijkheden in het bos en kwamen blakend van trots en plezier thuis met frambozen, bosbessen, vossenbessen en niet te vergeten paddenstoelen, vooral cantharellen, maar ook met eekhoorntjesbrood, honingzwammen, parasolzwammen. Soms was één zo'n kanjer genoeg voor het hele gezin. Het gebeurde ook dat we een zelfgeschoten elandenbout kregen van een bevriende dichter uit de buurt. Wat je niet op kon ging de diepvries in voor de winter. Cantharellen werden gedroogd aan een draad die als een verjaarsslinger door de donkere keuken hing. Die mochten het kerstfeest luister bijzetten.

Zo ging het toe in ons Zweedse vakantieparadijs. In Nederland gaf ik de strijd maar op.

Toen iedereen het huis uit was trakteerde ik mezelf weer op allerhande biologische producten, niet altijd even smakelijk, maar tenminste goed voor de gezondheid. En zie wat er geschiedde: Ka greep mij bij de lurven, terwijl mijn exechtgenoot, enige jaren ouder dan ik, gezond als ooit tevoren werkt en leeft op een dieet waarvan de schrijver van het antikankerboek zou gruwen. Die schrijver heeft zijn hersentumor twintig jaar overleefd. Hoe zou het hem zijn vergaan als hij zijn eigen gezondheidsadviezen niet in praktijk had gebracht? Hoe zou het mij vergaan zijn als ik wat minder verantwoord had geleefd? Zou Ka hem eerder hebben geveld en bij mij eerder zijn toegeslagen?

Steun

Een boek alleen is niet genoeg, ik wil nu ook adviezen van een arts met een brede kijk op ziekte en gezondheid en ik bezoek er een die uit het reguliere circuit is gestapt omdat daar te weinig rekening gehouden wordt met de mens achter de ziekte. Dit is geen alternatieve behandelaar, maar een additionele. Aan mijn lijf geen hocus pocus.

De dokter ziet eruit als een incarnatie van de spreuk in Stoops bad, neemt tijd, geeft tijd, luistert, verdiept zich in mijn leefsituatie. Toont alle begrip voor mijn polsstokverhaal, zet zelf ook kanttekeningen bij de hormoontherapie. Benadrukt het belang van veel bewegen, vooral wandelen, het liefst in de natuur, maar ook ontspannen. Elke middag een uur plat op bed, diep ademhalen, lang uitademen en alles loslaten. Loslaten is van levensbelang.

Hij raadt me ook versterkende vitamines en mineralen aan, hoge doseringen van verschillende supplementen. Hij vult een lijst voor me in. Potten vol pillen zie ik al op mijn keukentafel staan.

'Ik wil zo veel mogelijk uit mijn voeding halen,' zeg ik. En dan noteer ik zijn adviezen.

Veel water drinken en veel groene thee. Kurkuma door de roerbakgroente doen. Grote hoeveelheden groente. Alles biologisch natuurlijk, en blauwe bessen, frambozen, paddenstoelen. Allemaal kankerremmers, in tegenstelling tot vlees en zuivel. Zijn adviezen komen voor een groot deel overeen met die in het antikankerboek. En met mijn Zweedse vakantie-dieet, dat ik het liefst permanent had volgehouden. Gewoon omdat het zo leuk en lekker was, en bovendien nog zinvol. Je had het gevoel op de meest natuurlijke manier je steentje bij te dragen aan het behoud van onze planeet en het welzijn van haar bewoners.

'Ik dacht dat vlees wel mag als het rent of vliegt,' opper ik terwijl het water me in de mond loopt bij de gedachte aan een plakje elandenbout. Maar de dokter schudt resoluut van nee.

'En een visje af en toe?' vraag ik. 'En een glaasje rode wijn?'

'Maximaal twee keer per week een glas dan,' zegt hij.

Ik benadruk nog eens dat ik geen buitenbeentje wil worden met een gebruiksaanwijzing. En ik vertrouw hem toe dat veel van zijn adviezen al jaren tot mijn dagelijks ritueel horen. Maar desalniettemin...

'De ontsporing kan al dertig jaar geleden hebben plaatsgevonden. Na een traumatische ervaring,' zegt de dokter.

Ik knik. Ben me pijnlijk bewust van het feit dat ik dertig jaar geleden een traumatische ervaring heb gehad. Maar daar ga ik nu niet nader op in.

Bij het afscheid zegt de dokter nadrukkelijk dat hij mijn keuze voor levenskwaliteit respecteert. En hij vertelt dat het oudste woord voor geluk uit het Sanskriet komt en 'zelf staan' betekent.

Op weg terug naar het station maak ik de balans op van dit voedende gesprek en besluit de hoeveelheid supplementen op de lijst van de dokter te halveren.

Beker

Een kapstok is er niet voor deze ziekte, dat is wel duidelijk. Op zijn hoogst een steuntje in de rug. Er is maar één zekerheid. Dat het leven zelf de meest dodelijke ziekte is. Nu dus lid worden van de NVVE. De Nederlandse Vereniging voor een Vrijwillig Levenseinde. Sterven in je slaap is niet voor iedereen weggelegd, zeker niet voor een kankerpatiënt die ook nog eens een therapie geweigerd heeft ter wille van de levenskwaliteit.

Bij levenskwaliteit hoort stervenskwaliteit. Geen eindeloos rekken om het rekken. En goed bij je positieven blijven wanneer er uitzaaiingen komen. 'Als u dit pilletje nog slikt wordt u misschien wel beroerd, maar u wint er drie maanden mee.'

Drie maanden mezelf en mijn omgeving tot last, ik word al beroerd bij het idee. En als ik dan ook nog denk aan de kosten van zo'n pilletje, die wel eens flink de pan uit kunnen rijzen, dan staat zo'n behandeling me nog meer tegen. Zou daar nou niet eens op bezuinigd kunnen worden, een peperdure doorbehandeling van een bejaarde, alleen voor de statistieken?

Dan liever je huisarts polsen of hij bereid is de middelen te verschaffen wanneer je klaar bent met het leven omdat dit voor jou is gereduceerd tot een uitzichtloze lijdensweg. Als het enigszins mogelijk is de beker zelf ter hand nemen. Of de pil zelf op de tong leggen en met een paar slokken water naar binnen werken. De dokter zo veel mogelijk ontzien. Maar er kan zich natuurlijk een situatie voordoen waarin de injectienaald onvermijdelijk is.

Ik bel mijn huisarts en vraag hem of hij zich kan voorstellen mij in uiterste nood te helpen. Hij antwoordt bevestigend en nodigt me uit voor een gesprek.

Een dokter is ook mens. Ik probeer me in te leven in zijn situatie, mocht het ooit zover komen dat hij moet ingrijpen. Hij heeft niet voor mijn dood gekozen, hij heeft er alleen mee ingestemd mij te helpen. Als het echt niet anders kan zal hij zijn taak ten uitvoer brengen. Hoe speelt hij het in hemelsnaam klaar om na zo'n handeling weer om te schakelen naar zijn andere patiënten? Misschien neemt hij een flinke pauze, loopt hij wat langer dan anders met zijn hond door het bos of langs het strand, maar daarna zal hij zijn gewone taken toch weer moeten hervatten. Zijn spreekuur wacht.

Er zitten vooral dames van middelbare leeftijd.

'Komt u maar, mevrouw. Waarmee kan ik u van dienst zijn?' Ze heeft vage klachten, wil grondig onderzocht. Voor de zoveelste keer wil ze gerustgesteld. 'Nee mevrouw, u mankeert niks, u bent kerngezond.' En hij spant zich in om vriendelijk blijven. De vrouw wandelt opgelucht weg. Volgende patiënt.

Zo'n vrouw met vage klachten ben ik ook geweest. Nu ben ik een paar stappen verder. Als ik nu geen A zeg, dan kan het wel eens te laat zijn voor B.

A

Nu zijn de papieren ondertekend. De huisarts neemt ruim de tijd voor ons gesprek. Hij verklaart zich opnieuw bereid om mee te werken.

Over Ka zijn we gauw uitgepraat. Over het tijdstip waarop het lijden ondraaglijk wordt zullen we het wel eens kunnen worden, de dokter, mijn naasten en ikzelf.

Dan begin ik over A, de ziekte met de A, welteverstaan, die ik ook niet voluit wil noemen. Maar mijn dokter is een goede verstaander. Ik schuif naar het puntje van mijn stoel en vraag hem:

'Ben je in dat geval ook bereid?'

'Jazeker,' zegt hij. 'Maar het is wel moeilijk daar het juiste moment voor vast te stellen. Daarom is het van het grootste belang dat je je persoonlijke wens toevoegt aan de Clausule Dementie en duidelijk onder woorden brengt waarom en wanneer het leven voor jou in die situatie ondraaglijk is.'

'Als ik mijn kinderen niet meer herken,' zeg ik.

'Dat is te laat,' zegt de dokter. 'Je moet het zelf nog kunnen bevestigen.'

Ik voel een scheut van paniek door me heen gaan. Maar wanneer dan? Ik ben nu al zo vergeetachtig. Chaos in mijn hoofd.

Ik hoor niet meer wat hij verder allemaal zegt, alleen de naam Hugo Claus dringt tot me door.

'Noem je hem als voorbeeld?' vraag ik.

'Precies,' zegt hij.

Zo kan het dus gaan, zo mag het dus gaan. Hugo Claus heeft de regie tot het einde toe in handen gehouden, maar had ten slotte wel de hulp van een medicus nodig.

'Ik zou het liefst zonder jou hiermee te belasten op een aanvaardbare manier aan mijn einde willen komen,' zeg ik tegen de dokter. En dan besef ik dat Ka naast A is verschrompeld. Terwijl de kans toch groter lijkt dat ik aan Ka zal bezwijken.

Geen greep meer op je lijf hebben, een lijf dat je zo kwelt dat je er niet meer mee door wilt en kunt leven, dat is een gruwelijke gedachte. Maar gruwelijker is voor mij het idee dat mijn leven zal uitmonden in totale desintegratie van mijn geest. Dat ik me aan mijn kinderen voor ga stellen. Dat moment hoop ik voor te zijn.

Dan vraag ik aan de dokter of er voor hem geen cruciaal verschil is tussen het toedienen van het middel en het ter hand stellen ervan. Zijn hoofdknik zegt alles.

Grappen

Er zijn grappen en grappen. Macabere grappen, daar heb ik af en toe behoefte aan, maar dan wel samen met lotgenoten. Geen buitenstaanders, alleen mijn allernaasten die het proces hebben meebeleefd. Zij horen tot de binnenstaanders.

In de jaren zeventig waren we bij ons thuis in de ban van de flowerpower, argeloos en lichtzinnig, er heilig van overtuigd dat alle enge ziektes tussen de oren zaten. En dus niet alleen spierpijn en buikpijn en migraine, maar ook ernstige ontsporingen in je lijf, kanker. Je had het er zelf naar gemaakt. Je liep met een zak gif door het leven, was een meester in het wegdrukken en ontkennen van woede en verdriet uit het verleden, niet in staat tot relativeren. De taal zelf was het bewijs. Zo'n uitdrukking alleen al: 'Dat zit er diep ingekankerd.'

'Heb je geen humor, dan krijg je een tumor.' Dat was een grap die ik rustig met mijn kinderen deelde.

Wij hadden het leven in onze macht. Wij huppelden rond op fluwelen Chinese schoentjes uit winkels waar het geurde naar wierook en lieten onze lange Indiase rokken kleurig wapperen op de fiets. Er kwam een tuinjongen bij mij met planten voor de tuin: springbalsemienen, fluitekruid en daslook, van die planten die om een voor mij onbegrijpelijke reden voor onkruid doorgaan. Een tuin vol fluitekruid, salomonszegel, akeleien, paardenbloemen, pluizenbollen, steeds meer pluizenbollen, elke parachute een wonder. Niks kon ons gebeuren, als we de natuur maar haar gang lieten gaan. Open bleven staan voor de wonderen die zij ons te bieden had. Dankbaar nam ik de wijngaardslakken in ontvangst, die mijn tuinvriend van zijn moeder uit hun eigen tuin had moeten verwijderen.

Zo was het leven toen en daar.

Nu en hier is het anders. Er dook een addertje op tussen de hoge grassen. Een addertje waar alleen binnenstaanders grappen over mogen maken.

Lente

Ik lig op de grond naast mijn bed om mijn dagelijkse oefeningen te doen. Armen omhoog langs het hoofd, zo ver mogelijk naar achteren strekken, tot op de grond. Linker bijgestaan door de rechter. Door de linker lopen de strengen, de doorgesneden lymfebanen, aan elkaar geklonterd, werkeloos. Ik rek en ik strek, het is bijna zover dat ik de grond raak met de punten van mijn vingers.

De radio staat aan. Een sonate voor viool en piano. Een melodie die ik herken. Een heerlijk luchtig thema met variaties, van wie is dit ook weer? Van Beethoven, denk ik. Waarom denk ik dat? Ik heb het vaak bij het verkeerde einde. En de mis van Beethoven die we net met ons koor hebben gezongen staat mijlenver van dit stuk. Toch blijf ik erbij. Het is van Beethoven, ik voel het. Ik durf erom te wedden. Als het niet van Beethoven is dan steekt de ziekte zo weer ergens de kop op, en nu fataal. En dat terwijl ik me juist zo levend voel, met mijn arm bijna de grond raak.

Ik heb net in het bos gewandeld, heb twee planten uit de aarde getrokken en in een plastic zak mee naar huis genomen. Twee stuks digitalis, zomaar uit het wild gehaald voor in mijn tuin. De bosrand is ermee bezaaid. Binnenkort zal het hier een feest van bloeiende toortsen zijn. Daar past dit thema met variaties wonderwel bij. Maar als het niet van Beethoven is, dan heeft de ziekte zich in mijn lichaam uitgezaaid. Dan krijg ik niet eens de kans meer om te zien hoe het vingerhoedskruid zich door mijn tuin gaat verspreiden. Ik strek mijn armen zo ver als ik kan naar achteren. Ik raak met de rechter de grond. De linker ligt erbovenop. Ik hou mijn adem in. De sonate is bijna afgelopen. Leven of dood. Dan zegt de presentatrice wat het was: de *Frühlingssonate* van Beethoven.

Ik schiet overeind van levensplezier. Veel te snel voor mijn leeftijd. Zit te duizelen op de grond. Maar ik blijf wel mooi leven. Natuurlijk, het is 20 maart, de eerste dag van de lente. Vandaag wordt er aan één stuk door lentemuziek gespeeld.

Nu volgt er iets dat ik zonder meer herken. Heel zachtjes klinkt het, aarzelend en ingetogen. Zo kan alleen een componist uit het hoge noorden de lente laten klinken. Met lang ingehouden verwachting. Dit moet Grieg zijn. Ik spits mijn oren.

Ja, het is een stuk van Grieg. *De laatste lente.*

Ziektewinst

De mensen bedoelen het zo goed.

'Goh, je ziet er best goed uit.'

Of:

'Je ziet er toch wel goed uit.'

Of:

'Jee, je liep kwiek de trap op, zeg.'

Of:

'Dat je dat hele eind hebt gefietst.'

Of:

'Je bent er nog!'

Dat laatste zegt een collega die boeken schrijft waaruit elk overbodig woord geschrapt is. Spijkers op koppen. Je bent er nog. Een omhelzing.

En dan denk ik: Ja, ik ben er nog, ik ben zelfs naar zee gefietst, maar dat betekent nog niet dat ik weer op de trein naar Amsterdam kan stappen, dat ik naar feestjes en partijen kan gaan. Dat het me daar niet aanvliegt.

Niet meer naar feesten en partijen hoeven, dat noem ik ziektewinst.

Appeltjes

'Wat heb je weer een rode wangen.' Dat heb ik de laatste weken al meerdere keren te horen gekregen. En inderdaad, als ik in de spiegel kijk, dan zie ik ze. Maar ik denk: Nou en? Alsof die wangen iets zeggen. Alsof die een graadmeter zijn. Een paar jaar geleden verloor ik een vriendin die met rode wangen op haar sterfbed lag. Zijdezachte appelwangetjes. Ik kuste er een als afscheid. Een paar uur later was ze dood.

Een andere vriendin belde me ooit toen ze erachter was gekomen dat haar man haar tien jaar lang had bedrogen met een vrouw op zijn werk. Ik snelde naar haar toe en ging op de rand van het bed zitten, terwijl zij tussen het snikken door een verhaal vertelde waar ik geen touw aan vast kon knopen maar alles van begreep. Het was donker in de kamer, ik mocht de gordijnen niet opendoen. Thee hoefde ik niet te zetten. Machteloos moest ik haar ten slotte achterlaten.

Niet lang daarna bleek dat ze eierstokkanker had. Na een operatie en andere behandelingen leek het weer goed met haar te gaan. Ik verhuisde, maar we hielden contact.

Op een voorjaarsdag kwam ze met haar man bij me op bezoek. We zaten in de zon op mijn terras. Ze had weer rode wangen.

'Ziet ze er niet goed uit?' zei haar man met een gebaar naar zijn vrouw of hij een mand vol rijpe appeltjes aanprees.

'Ja ja, dat zegt hij,' zei zijn vrouw. Ze zei het met een satanische glimlach. Dit was een uitdrukking die ik niet van haar kende, die niet bij haar hoorde.

Binnen het jaar kreeg ik een rouwkaart. Op de envelop herkende ik het handschrift van haar man.

Steunkous

Natuurlijk krijg je voornamelijk succesverhalen te horen. De mensen gaan je toch niet ontmoedigen.

Ik zie nog steeds de steunkous dreigend bungelen, als de dood dat die voor de rest van mijn leven dagelijks om mijn arm gewurmd zal moeten en zeg het tegen een vrouw die ik op mijn koor heb leren kennen. Zij heeft lang in de zorg gewerkt en vertelt dat er heel goed mee te leven valt. Een nicht van haar had hetzelfde ziektebeeld als ik. Zij heeft twee jaar met een steunkous gelopen. Aha, het kan dus blijkbaar overgaan. Twee jaar zijn te overzien. Dat is iets anders dan de rest van je leven. Ik zeg dat ik die nicht van haar graag eens zou willen spreken, iets zou willen horen over haar ervaringen. Mijn koorgenote gaat hier niet op in.

'Kan ik haar niet eens ontmoeten?'

'Nou nee, dat kan niet.'

'Waarom dan niet? Woont ze ver?'

'Ze leeft niet meer.'

Die twee jaar waren de rest van haar leven.

Toerist

Er lopen nogal wat toeristen door het dorp. De meeste staan een tijdje stil voor een oude boerderij die gerestaureerd wordt, op een steenworp van mijn huisje. Een is er een foto aan het maken van de rietdekkers, die elkaar bossen riet toegooien, met een elegante zwaai het dak op, bossen riet die netjes naast elkaar worden neergelegd met de pluimen schuin naar boven, vers geplukt aan de oever van een der vele plassen en kreken die ons landschap rijk is. Een feest om naar te kijken. Het onderste gedeelte van het dak is belegd met oude pannen, verder omhoog wordt het riet trapvormig rond de dakkapel uitgesneden. Ik kijk ernaar met de ogen van een toerist. Je zal hier toch wonen!

Maar ik woon hier!

'Ik woon hier, nog geen honderd meter verderop in dat straatje, en ik sta hier te kijken met jullie ogen,' wil ik het groepje toeroepen.

Veel van deze mensen komen uit het Ruhrgebied, dat zie ik aan de nummerborden. Die ernstig vervuilde streek, vlak over de grens. Ze rijden hierheen in een paar uur om bakken vol gezondheid op te doen. Een gezonder oord is niet denkbaar. Bossen, polders, duinen, zee. Weinig regen, veel zon en veel wind. Je hoeft hier alleen maar te ademen om alle vervuiling van de stad je lijf uit te jagen. Je zou je bijna schamen omdat je hier het hele jaar elke avond in je eigen bed mag kruipen.

Maar dan wil ik nog iets tegen die bleke mensen uit het Ruhrgebied zeggen:

'Luister, ook hier is het niet alleen zeelucht en zonneschijn. Ook hier sluipen gluiperige ziektes rond. Er is pas nog een vrouw geveld, vlak bij mij om de hoek. En vorig jaar bezweek een goede kennis aan Ka. Dat dat kan, hier in dit dorp, dacht ik toen ik het hoorde. Hier geboren en getogen, voortijdig hier begraven. Herdenkingsdienst in de Ruïnekerk. Dat dat kan, in dit dorp.'

Maar ik dan? Ik woon hier al dertien jaar. En ik heb het ook. Nou ja, ik had het, maar dat kan je van deze ziekte pas zeggen als je een handvol jaren verder bent.

'Je hoeft er niet voor in het Ruhrgebied te gaan wonen. Ook in je vakantieoord steekt hij de kop op,' zou ik tegen deze mensen kunnen zeggen.

Is dat nou troost voor toeristen of niet?

Zielig

Op een kronkelig bospad loop ik een vage bekende tegen het lijf, iemand die van mijn situatie op de hoogte blijkt te zijn. Een schichtig snelle blik, een groet, een trilling in zijn stem die verraadt dat hij medelijden met me heeft. Alsof mijn situatie plotseling in volle omvang tot hem doordringt. Ik schrik, want ik had mezelf nog niet gezien als iemand die meelijwaard is. Ik leef mijn leven zoals dat zich bij mij aandient. Ik volg gewoon het pad dat voor mij is uitgelegd, af en toe een stukje met een kapmes door de jungle, maar ik weet me elke keer wel weer een weg te banen. En dan is er opeens die blik, voor mij bestemd, en ik ga denken wat de ander denkt. Hij denkt: Daar loopt ze maar weer in haar eentje, een ongewisse toekomst tegemoet. Uitgeput nog van alle behandelingen. De stumperd.

Tjee, ik ben dus zielig, schiet er door me heen. Ik ga er langzamer van lopen, kijk omlaag. Het is ook wel erg zwaar allemaal. Te zwaar. Mijn benen zijn van lood. Ik sla het kortste pad in, regelrecht naar huis. Nu alsjeblieft niet nog zo'n ontmoeting.

Als ik mijn eigen straat weer in loop zie ik in de verte mijn buurman langzaam dichterbij komen met zijn oude zieke hond. Een paar stappen, even stoppen, weer een paar stappen, weer even stoppen. Zo schuifelt het tweetal voort. En dan dringt voor het eerst tot me door dat het vertrouwde huisdier van mijn buren op zijn laatste benen loopt.

Ik maak een praatje met mijn buurman en ik aai zijn hond. Voor het eerst in mijn leven.

Lot

Toen ik het nieuws te horen kreeg werd het zwart voor mijn ogen. Een seconde. Dit was het dus.

Het lot kan altijd en overal toeslaan. Gewoon accepteren dat je eigenlijk niks in de melk te brokkelen hebt. Een ijspegel valt van de dakrand op je hoofd, weg ben je. Ik noem maar een voorbeeld. En kom me niet aan met vragen als: Waarom juist ik? Iedereen kan getroffen worden door die zeis, zoals de bloemen aan de rand van het bospad, die de boer elk jaar vlak na midzomer afmaait, margriet en boterbloem, campanula en vrouwenmantel, alles ligt broederlijk en zusterlijk naast elkaar in de zon te verschrompelen. Sommige bloemen nog in de knop, andere rijk in bloei en een aantal op hun retour.

Toch betrap ik me er voortdurend op dat ik nog steeds bezig ben causale verbanden te leggen tussen leven en ziekte. Dat ik Ka wil herleiden tot zijn oorsprong, dat ik hem wil betrappen op dat cruciale ogenblik waarop hij mijn lijf binnendrong.

Natuurlijk is het begonnen toen ik vlak na haar dood in 2004 tot de ontdekking kwam dat mijn biologische moeder me onterfd had. Die verlammende ontreddering.

Nee, het zat dieper, de kiem is al gelegd tijdens mijn echtscheiding, nu bijna dertig jaar geleden. Die machteloze woede, die wanhoop, die ontluistering.

Die kiem kan zelfs al veel eerder zijn gelegd. Als kind speelde ik met asbestplaatjes, die we als vlamverspreider gebruikten. Wanneer ze versleten waren verpulverde ik ze tussen mijn vingers. Dat poeier was zachter dan meel, zachter zelfs dan maizena. Tot in mijn studententijd zette ik de asbestplaatjes op mijn tweepits gasplaat onder soep of andijviestamppot. En nog steeds zag ik uit naar het ogenblik waarop je ze tussen je vingers fijn kon wrijven.

En dan waren er de oorlogsjaren, tussen mijn vijfde en tiende. Tulpenbollen eten in een tijd dat je kalk en eiwit nodig hebt om goed te kunnen groeien. De scheiding van mijn ouders, de angst dat mijn vader opgepakt zou worden. Het knetterende afweergeschut dat zich mijn leven lang elk jaar op oudejaarsavond blijft herhalen. Elk jaar weer even die paniek, tot op heden. Wat een kansen heeft mijn leven Ka niet geboden.

Maar vergeet nu ook de mensen niet die een concentratiekamp hebben overleefd, die nooit door Ka worden bezocht en op hun zesennegentigste aan ouderdom sterven.

Houvast

Houvast, dat is wat we willen. We zoeken naar zin. Naar structuren. Om niet als een olievlek uit te vloeien. Orde scheppen, dijken bouwen tegen het oprukkende water. Een leven met kop en staart. We zijn allemaal als spinnen aan het weven. En we breien truien met motieven, we schrijven boeken met een clou, we schilderen, we componeren, boetseren, we leggen tuinen aan, bouwen kastelen, maken muziek met een rond slotakkoord, we schikken boeketten, we hangen het wasgoed op kleur, op aflopende grootte, we rijgen kettingen, we harken het grind in evenwijdige strepen, we mediteren in kleermakerszit, roepen onze gedachtenstroom terug naar dat ene vlammetje. Terug naar dat ene vlammetje dat alleen een luchtstroom nodig heeft om te flakkeren. Zo je leven laten uitmonden in dat ene kaarsje op de verjaarstaart. Je jongste kleinkind kan het uitblazen.

Notities

Ik hoef pas over drie maanden weer op controle. Moet in die tussentijd weer zelf leren lopen. Zonder krukken, zonder stok, zonder witte jassen om je voor even aan vast te klampen. Probeer me in te leven in de rol van een specialist. Hoe houden die dokters het vol? Al die patiënten met verwante of identieke ziektepatronen. Voorspelbare vragen en reacties. Steeds weer datzelfde verhaal moeten afdraaien over antennes en gaspedalen, over harten die op hol slaan en dirigenten die afhaken. Over vijfbaans snelwegen, waarvan er nog maar eentje over is. Treffende beelden die de ziekte aanschouwelijk moeten maken.

Misschien scheer ik de patiënten te veel over één kam, misschien gaan mensen zo verschillend om met hun aandoeningen dat de arts af en toe versteld staat van de verhalen die hij te horen krijgt. Verhalen die soms te bizar zijn om in het dossier opgenomen te worden, maar het wel verdienen ergens vastgelegd te worden. De onverklaarbare genezingen, de onverklaarbare sterfgevallen en andere onverklaarbare ontwikkelingen van de ziekteprocessen.

Stel nou eens dat al die doktoren hier aantekeningen van zouden maken, gewoon een paar krabbels op een vodje papier of in een notitieboekje op de hoek van hun bureau – niets tijdrovends, maar wel iets dat na een tijdje een tweede natuur kan worden – en stel nou eens dat ze bepaalde bevindingen onderling zouden vergelijken, zouden daar dan geen boeiende patronen in te ontdekken zijn en wellicht ook vruchtbare conclusies uit getrokken kunnen worden?

Snelwandeling

Elke ochtend een snelwandeling, moe of niet moe, weer of geen weer. Vandaag moe en geen weer. Regenjas aan met capuchon. Nu niet de polder in, maar alleen het bos, om Het Oude Hof heen, dat landgoed in het water waar het kroos op sommige plekken zo'n massieve laag vormt dat je de neiging krijgt met je hak te voelen of het al houdt.

Midden op het bospad doemt in het zand voor mijn voeten een grote ronde zon op. Ik stop. Hij ziet er vers uit. Iemand heeft hier met zijn hak een kuiltje in het zand gegraven en er een cirkel omheen getrokken met van daaruit hakbrede strepen, als zonnestralen, om de regen te bezweren en de wandelaars te inspireren.

Ik loop eromheen, passeer een vrouw met een kwaaie hond en versnel mijn stappen tot ik mijn hart voel bonken. Hoe lang zal ik vandaag over dit rondje doen? Met dit tempo win ik zeker vijf minuten. En ik win nog iets. Je flink inspannen, dat staat in de boeken, daar win je 50 procent mee. 50 procent minder kans op een recidive. Lopen maar, hup twee, om de kanker een hak te zetten. Het hele bos een trimbaan. Die zon in het zand geeft me vleugels. Levenskwaliteit.

Wanneer ik het dorp weer in loop zie ik een man en een vrouw bij een auto staan. De vrouw heeft het portier al geopend om in te stappen. De man heeft een buik die half over zijn tricot broek hangt. 'Een broodje worst', hoor ik hem zeggen. 'Doei,' zegt de vrouw en ze rijdt weg. Hij loopt het huis in.

Bah, wat ongezond, denk ik, typisch! Mannen met zo'n buik kunnen alleen maar aan broodjes worst denken. Van die bolle kleffe witte broodjes met zo'n homp sappige, van vet druipende rookworst ertussen. Ik eet nooit meer broodjes worst, ik kijk wel uit, ik eet groente, ik maak snelwandelingen.

Die man met de buik weet vast niet eens wat snelwandelen is. Aan Ka heeft hij lak. Hij lacht om groente. Hij zit nu al te smullen van zijn broodje worst.

Als hij lak heeft aan Ka, zou Ka dan ook lak aan hem hebben?

Wonder

De boer naast ons in Zweden, die ons vroeger tijdens zomer- en wintervakanties voorzag van melk, eieren en aardappelen, heeft zijn dagen gesleten in het bos, op de akker of in de koeienstal. Samen met zijn iets jongere zuster hield hij tot op hoge leeftijd het boerenbedrijf van hun ouders in stand. De hele zomer graasden de koeien hoog in het bos en werden 's avonds met wijd in het rond klinkende loktonen van de boerin bij elkaar geroepen om gemolken te worden. Maar na jaren van uiterste inspanning moest het tweetal ten slotte de koeien van de hand doen en de akkers verpachten. De boerin, inmiddels achter in de zestig, bleek totaal versleten te zijn en legde het loodje.

Wat moest de boer nu zonder haar? Ik had hem nog nooit een aardappel zien bakken.

Elke zomer bij mijn komst was hij bleker en magerder. Hij ging telkens plassen en kreeg een grauwwitte gelaatskleur.

'Ga je wel naar de dokter?' vroeg ik hem.

Hij haalde zijn schouders op. Slikte wel af en toe een pilletje, maar werd vel over been. Zat alleen nog in een hoekje met zijn kruiswoordpuzzel. Lapte het leven aan zijn laars. Hij was al in de zeventig. Het straalde van hem af dat hij aan vergevorderde kanker leed. Ik zag zijn naam al toegevoegd aan de drie andere op de steen van het familiegraf bij het witte kerkje.

Na een paar jaar zag hij op een zomer minder grauw. Hij plaste ook iets minder vaak. Hij ging af en toe wandelen. Kleine rondjes met zijn stokken. Hij begon grapjes te maken. Relativerende grappen, bijvoorbeeld over de weg beneden langs zijn huis, waar al jaren aan gewerkt werd en die nu eindelijk geasfalteerd zou worden.

'Ze hebben beloofd dat hij met Kerstmis klaar zal zijn. Maar ze zeiden er niet bij welk jaar.'

Elke keer dat ik hem vroeg hoe hij het maakte, zei hij: 'Het kan slechter.'

Nu zijn we tien jaar verder. Hij loopt sinds kort dagelijks langs het smalle heuvelachtige bospad naar het schooltje waar hij vroeger als kind met zijn zusje door de sneeuw heen moest baggeren. Waar hij vanaf zijn zevende zes jaar lang zijn geest mocht voeden. Als hij thuiskomt pakt hij zijn *Denksport* op en vult de kruiswoordpuzzels bliksemsnel in. Daarna haalt hij de encyclopedie uit de kast en gaat lezen. Gewoon met een bladwijzer.

En ik denk bij mezelf: Hij heeft die kanker wel gehad, een tijdje was het erop of eronder, en nu is het erop. Niemand heeft ooit het mes in hem gezet. Hoe zou het verder met hem zijn gegaan als ze wel in hem hadden gesneden?

Onverbloemd

Mijn kennis en lotgenote om de hoek is al een paar jaar verder dan ik en kan weer verre reizen maken. Tijdens haar afwezigheid geef ik haar planten water en laat mijn blik langs de planken in haar boekenkast gaan. Er staat een rijtje boeken over het hoe en wat van Ka. Een ervan is donkerroze en groter dan de andere. Ik trek het tevoorschijn. *Borstkankerboek* staat erop. De titel doet me zoals altijd even schrikken van dat onverbloemde woord. Ik blader en zie algauw dat dit boek veel informatie biedt over het mogelijke ontstaan van de ziekte en het bestrijden ervan met allerlei soorten reguliere therapieën. Eén van die therapieën heb ik vrijwillig aan mijn neus voorbij laten gaan. Ik blader snel door en zie bladzijden vol foto's van vrouwen met één borst en littekens ernaast. Ik krijg het koud en sla het boek dicht, zet het terug op de plank, precies zoals ik het gevonden heb.

Het voelt alsof ik iets bekeken heb dat niet voor mijn ogen bestemd was. Zoals vroeger op school achter in de klas, toen een paar jongens de encyclopedie uit een hoge kast haalden en mij en mijn vriendinnetje tekeningen lieten zien waar we zenuwachtig van werden omdat we voelden dat er iets engs mee aan de hand was, maar niet snapten wat. Pas toen de jongens bleven grinniken en rare gebaren maakten, duim en wijsvinger van de rechterhand tot een o'tje vormden en linkerwijsvinger er snel doorheen bewogen, heen en weer, heen en weer en grinniken maar, ja, toen begonnen we te begrijpen wat het allemaal moest voorstellen daar op die tekeningen.

'Ja ja, Rita'tje Verschuur, zo zie jij ook eens waar de kindertjes vandaan komen,' riep de gangmaker, Tom Kwak. Zodra de meester de klas in kwam klapte Tom het boek dicht en zette het terug in de kast.

En ik sta hier in de kamer van mijn lotgenote met dat gevoel van vroeger op school. Omdat het leven nog steeds enge dingen in petto heeft.

Als ik de volgende plant water geef mors ik een straaltje op de vensterbank. Er vallen een paar druppels op de grond.

Angst

Waarom die angst voor het roze boek? Het gaat mij meer aan dan de meeste mensen. Ik had het zelf al aan moeten schaffen. Ik wil toch zo veel mogelijk weten over mijn specifieke Ka? Ben ik nu mijn kop in het zand aan het steken? Of is het dat massale vertoon van gehavende vrouwenlijven dat me tegenstaat? Dat vertoon van slachtoffers. Is het de slachtofferrol die hier voor mij van de bladzijden springt? Onzin. Het is maar net wat ik erin wil zien.

Waarom koop ik dat boek niet gewoon, ik die laatst zomaar op goed geluk een briefwisseling kocht tussen de terminale Herman Franke en zijn goede vriendin Manon Uphoff. Ik miste er iets. Had zo graag meer over hem en zijn situatie gelezen. Maar hij was al te ziek om veel te kunnen schrijven, was al met één been uit het leven gestapt. Zij stond er nog zo middenin, zo blakend van levenslust, dat de correspondentie iets schrijnends kreeg. Maar hoe had het ook anders gekund? Het enige wat zij nog kon doen was hem met haar woorden in de handen van het leven zien te houden.

'Je legt een warme deken van brieven over me heen,' schreef hij haar nog twee weken voor zijn dood.

Maar dit roze boek, dit gaat over mij en mijn levende lotgenoten. Wat in hemelsnaam weerhoudt me ervan het aan te schaffen?

Natuurlijk weet ik het wel. De therapie die ik heb afgeslagen komt hier uitvoerig aan de orde, en al heb ik mijn keuze bewust gemaakt, toch ben ik weer bang voor de statistieken waarmee ik in dit boek opnieuw om de oren geslagen zal worden. Statistieken die er niet om liegen. Ik zag al vluchtig dat de hormoontherapie tot de vanzelfsprekendheden gerekend wordt.

Haha, Rita, daar wringt de schoen. Jij bent eigenwijs geweest, jij hebt je niet onderworpen en wilt daar niet nog eens mee geconfronteerd worden. Jij koos voor levenskwaliteit. En daar hoort geen geblader bij in een boek vol narigheid die jou geen stap verder helpt.

Weet je wat jij moet doen? Boeken lezen waarin universele levensvragen aan de orde worden gesteld. Boeken die tot nadenken stemmen. Jij gaat nu voor je eigen boekenkast staan, die uitpuilt van de meesterwerken, en daar haal je er een uit waarvan je vermoedt dat het je kan raken en voeden. Als dat geen levenskwaliteit is!

Procenten

Wij mensen van nu hangen onze gezondheid op aan procenten. Ik heb 70 procent kans gekregen dat het goed gaat. Dat is een heel grote kans. Maar die 30 procent zijn er ook. En op sommige dagen dreigen de dertig in zeventig te veranderen. Dan denk ik: Wat zijn procenten eigenlijk?

Er zijn dagen waarop zeventig voelt als honderd. 100 procent kans dat ik hierdoorheen luis. Dat zijn nou net de dagen waarop ik elk ogenblik als een geschenk ervaar.

Uil

De Zweedse schrijfster Karin Johannisson vertelt in haar boek *De kamers van de melancholie* dat het onder de hoge standen ooit als een voorrecht werd beschouwd elke nacht een aantal uren, zo tussen drie en vijf, wakker te liggen. Het waren de gezegende ogenblikken. Even je bed uit, de hemel afturen, maan en sterren, in de deuropening gaan staan en de zwoele nachtlucht inademen, je pijp aansteken, een paar diepe teugen nemen, vrede alom. Vannacht kreeg het gebruikelijke wakker liggen ook bij mij een extra dimensie. Ik hoorde de bosuil roepen. Zacht maar toch doordringend, klagelijk en dwingend tegelijk. Aandoenlijk. Na acht tellen weer diezelfde roep, als een echo. Was het een antwoord van een vrouwtje vol verlangen? Nee, dan had het net iets anders geklonken en was het voorafgegaan door een hoog schel 'Wiek'. Dit was een eenzaam mannetje dat vergeefse pogingen deed een gade te bereiken. Mij trof hij in de roos, maar wat moest hij met mij? De bosuil. Waar zat hij? In de hoge bomen rond het bejaardentehuis achter mijn tuintje? Zijn roep kwam van dichtbij en van ver tegelijk.

Na een tijdje leek het of hij diep uit mijn eigen binnenste kwam.

Roer

Wordt het nu eindelijk geen tijd voor een woedeuitbarsting? Of voor een flinke huilbui? Ik heb sinds de onheilstijding nog geen traan gelaten. Zelfs niet die eerste nacht. Alles maar over me heen laten komen. Dit was het dus. De dood staat op de hoek. Maar nu nog even leven. Elke morgen datzelfde ochtendwandelingetje. Steeds weer hetzelfde pad. Andere mensen gooien hups het roer om na zo'n ervaring. Gaan op zoek naar een nieuw avontuur, een nieuwe liefde. Zou dat na al die jaren niks voor mij zijn?

Eindelijk weer eens een leuke man in je leven om samen mee te fietsen. Een met een arm die stevig om je schouder geslagen kan worden?

Een vriendin sleet haar laatste kankerjaar met een kersverse vriend. Ik zag ze innig omstrengeld door het bos lopen. Ze maakten korte reisjes, hij ging met haar mee naar alle doktersbezoeken, was dag en nacht aan haar zijde. Ze hadden plezier, kenden elkaar uit de studententijd en waren plotseling in elkaars leven opgedoken. Net toen de ziekte haar te pakken had gekregen. Ze waarschuwde hem nog, begin niet aan mij, ik ben er over een jaar niet meer. Maar hij was al verkocht, kon allang niet meer terug, wilde niet terug, wilde mee, samen met haar de ziekte te lijf.

Ik zag hem een paar maal bij de supermarkt, vol strijdlust. Elke keer iets grauwer in zijn gezicht. Maar zijn taal was vurig: Ze zullen eens zien, die doktoren. En zij, altijd een toonbeeld van keurig spraakgebruik, riep nu: 'Ik zal ze eens een poepje laten ruiken.'

Ze overleefde de prognose met bijna een jaar. Samen met haar nieuwe vriend, tot het bittere eind aan haar zijde. Ze hoefde geen beroep te doen op haar dochter, die al veel te veel op haar schouders had met baan, man en twee drukke jongetjes. Wat een opluchting moest dat zijn. En wat een levenskwaliteit.

Een maand na de dood van mijn vriendin ontmoette ik haar dochter in het dorp. Niks opluchting. Ze was nog steeds kwaad op de man, die haar moeder in die laatste levensfase voor zich had opgeëist. Hij had haar als dochter geen enkele ruimte gegund om af en toe eens alleen met haar moeder te zijn, om zelf iets voor haar te kunnen betekenen. Zij had haar moeder niet aan de dood afgestaan, maar aan hem.

Paf

Zo nu en dan sta ik paf. Laatst bijvoorbeeld. Er kwam een aardige vrouw op bezoek, samen met haar vriend. Ik kende haar al een tijdje, maar wist nooit precies of ik haar kennis of vriendin zou noemen. We hadden wel eens intense gesprekken gevoerd. Hetzelfde gold voor haar vriend. Hij gaf me zijn nieuwe boek en schreef er een opdracht in: 'Courage'.

Omdat ze er beiden voor openstonden vertelde ik veel over mijn ziekteprocessen en vooral ook over mijn afwijzing van de hormoontherapie, waarvoor ik nog wel wat supporters kon gebruiken. Ik had het over de akelige bijwerkingen die mij zeker zouden treffen omdat ik voor pillen een seismograaf ben, en vijf jaar iets slikken dat je statistisch gezien vijftien procent minder kans geeft op uitzaaiingen voor mij niet opweegt tegen levenskwaliteit in het hier en nu. Gezonde dingen eten, de harmonie zoeken, doen wat je werkelijk belangrijk vindt: doorgaan met schrijven, helder in je hoofd, goed in je vel.

Als ik terugdenk aan dat bezoek, hoor ik mezelf eindeloos praten, aangemoedigd door hun positieve reactie en duidelijke betrokkenheid.

Ze zaten naast elkaar op de bank, twee mensen die nog volop in het leven staan. Reizen, optredens, spannende ontmoetingen. En ik zat daar tegenover hen en benijdde hen een beetje om hun grenzeloze vitaliteit.

Niet lang daarna kwam een nichtje van deze vrouw bij me langs. Ook zij toonde hartelijk medeleven. Ze had potjes met kruiden voor me meegenomen. Peterselie, het beste wat er is om Ka de kop in te drukken, zei ik vol enthousiasme.

Zij wist dit niet, maar was blij het van mij te horen. En ze had het over haar tante, die alweer een jaar verder is dan ik.

'Een jaar verder? Hoe bedoel je?'

'Bij haar werd het twee jaar geleden ontdekt. Dat weet je toch. Ze is toch bij je op bezoek geweest?'

'Maar ze heeft er niets over gezegd,' zei ik stomverbaasd. En meteen erachteraan: 'Heeft zij die hormoontherapie ook geweigerd?'

'Nee, zij slikt trouw elke dag haar pilletje,' zei het nichtje.

'Was het bij haar ook uitgezaaid naar de poortwachter?'

'Nee, zij had het geluk dat het in een heel vroeg stadium werd ontdekt.'

Ik vroeg maar niet verder. Mijn kennis had het levende bewijs geleverd dat het haar goed ging, zoals ze daar zat op de bank en mijn ellenlange verhaal aanhoorde, mijn pleidooi voor levenskwaliteit, mijn scepsis tegenover de medicatiemolen waarin je voor je het weet verstrikt raakt. En zij had geknikt en niks gezegd over haar eigen toestand.

Jaloers

Jaloezie. Daar ontkom je niet aan in een situatie als deze. Dat spreekt vanzelf.

Ik ben jaloers op iedereen die er beter aan toe is dan ik. Het meest op leeftijdgenoten die gezond en gelukkig in tweezaamheid leven, vol ondernemingslust en toekomstplannen. Op de man van tachtig die me laatst naar het ziekenhuis reed, net terug van een fietsvakantie. Van Athene naar Rome had hij gereden, samen met zijn iets jongere vrouw. Op collega's uit mijn eigen generatie die lustig doorgaan, gewoon, net als altijd, of ze het eeuwige leven hebben. Publicaties, lezingen, interviews. Kleine en grote successen. Boeiende ervaringen, ontmoetingen, vakanties naar verre exotische plaatsen. Romances.

Ik trek mijn gezichtsspieren in de gewenste plooien terwijl ik de verhalen aanhoor. En ik zeg:

'Wat fijn voor je!'

'Wat klinkt dat heerlijk!'

'Wat een opsteker!'

'Wat een prachtige recensie!'

'Wat een geweldige prijs!'

'Wat een intrigerende foto's!'

'Dat jullie dit alles in het echt hebben gezien!'

Ik wil het menen, ik meen het ook. Maar dat gaat niet vanzelf. Elke keer dat ik mijn empathische antwoord geef voel ik me even kopje-onder gaan, heel even maar. Als ik weer boven water kom zijn de plooien weggespoeld uit mijn gezicht. En dan gun ik die vakantiegangers stiekem een flinke regenbui, een forse indigestie na een diner van zeebanket, een scheut in de rug na een duik in het zwemparadijs, een verstuikte enkel bij een klimpartij, ik gun de nieuwe geliefden een knetterende ruzie, en ik gun de collega's rottige recensies, rotte eieren tijdens een lezing, ik wil het uitschreeuwen. Niet midden op de Dam tijdens de dodenherdenking, dat nou ook weer niet, maar wel ergens waar het vol mensen is. Midden in de supermarkt met al die winkelwagens vol liflafjes. Ik wil die karren omverkieperen en de liflafjes plattrappen. Maar ik wil niet voor gek verklaard.

Voorbeeld

Er is iemand die ik misschien wel benijd, maar tegelijk uit de grond van mijn hart bergen vol geluk en prijzen toewens: de tekenares die ooit mijn eerste vier boeken illustreerde met uiterst verfijnde potloodtekeningen.

Ze is meer dan tien jaar ouder dan ik, heeft altijd alleen geleefd in een souterrain aan een gracht en heeft het tekenen nooit opgegeven, ook al zijn haar ogen zo verslechterd dat ze haar techniek telkens weer moet aanpassen. Ze heeft vergrootglazen nodig, een loupe, brengt haar vormen terug tot de essentie. Steeds minder en steeds dikkere lijnen, die steeds meer te zeggen hebben.

Ze schuifelt elke morgen achter haar rollator een stukje langs de gracht naar het café op de hoek, waar ze een kopje koffie drinkt, waar ze oude bekenden ontmoet en nieuwe contacten legt. Eén keer per week loopt ze binnen bij de boekhandel wat verderop en drinkt er een glaasje wijn. Onlangs heeft ze puur voor haar eigen genoegen een alfabet getekend. Een schrijver zag het en maakte er een tekst bij. Een nieuw boek valt haar binnenkort in de schoot.

Iemand die zich zo weet te schikken in haar lot, dat alleen maar nieuwe mankementen met zich meebrengt, en die dan verbaasd kan staan over haar scheppingskracht. Zo iemand is mijn voorbeeld.

Dubbelganger

Een zonnige zondagmorgen, vroeg in het voorjaar. In windstilte ben ik naar zee gefietst, ik heb een stuk langs het strand gewandeld en ga iets drinken bij een zeegroene strandtent, alleen bereikbaar voor wandelaars. Ik bestel een glas vruchtenshake en strijk neer in een hoek van het terras. Er klingelt een windorgel.

Aan de tafel waarop ik uitkijk zit een gezin met een meisje van rond de tien. De vader recht in mijn gezichtsveld. Hoewel de temperatuur nog niet hoog is, zit hij met korte broek en ontbloot bovenlijf in de felle zon. Blote voeten. Zijn ene been onder zijn zitvlak.

Hij komt me bekend voor, er is iets met hem, denk ik, ik heb hem eerder ontmoet, maar in een andere context, die totaal niet aansluit bij dit zonnige tafereel. Ik krijg het benauwd, wil niet naar hem kijken, maar mijn blik wordt naar hem toe getrokken. Nu buigt hij zich opzij naar zijn dochter en begint zachtjes tegen haar te praten. Hij fluistert iets in haar oor, zij lacht, hij lacht. Er komt een serveerster naar hun tafel met koffie voor de ouders, cola voor de dochter en een bakje patat voor de vader. Die leunt nu achterover en doopt zijn patatjes in de mayo en deelt het bakje met zijn dochter.

Dan pas besef ik dat dit de dokter is die bij mij de eerste operatie heeft gedaan. De slechtnieuwsdokter met het sombere gezicht. Met die moedeloosmakende stem. De dokter die mij met mijn neus op de eindigheid heeft gedrukt.

Die dokter zit hier nu als toonbeeld van geluk op een stralende zondagmorgen met zijn blote bast in de voorjaarszon. Is het hem echt? Was mijn dokter werkelijk al kalend? Misschien is het hem niet. Wil ik alleen maar dat hij het is, omdat ik verlang naar het bewijs dat hij ook een ander leven heeft dan dat van slechtnieuwsbrenger. Omdat ik gerustgesteld wil worden.

Ach, het maakt al niet meer uit of hij het is of niet. Het gaat erom dat die sombere dokter op die donkere winterdag hier en nu vervaagd is tot een schim en plaats heeft gemaakt voor zijn zonnige dubbelganger.

Tranen

Nog steeds geen traan gelaten. Dokters hebben gesneden en bestraald, vrienden hebben gekookt en gebakken, dierbaren hebben me gekoesterd. Ik voelde me neergedrukt en toen weer opgetild, in de rug geduwd zoals dat rodebessenmeisje in de hangmat van spinrag bij *Hansje in 't Bessenland* heen en weer werd gewiegd door blauwebessenjongetjes. Narigheid en blijdschap, maar tranen, nee. Niet van verdriet, niet eens van vreugde. Nu sta ik weer op eigen benen en dop mijn eigen boontjes. Kook weer een potje. Hoor er weer bij. Er komen verzoeken om lezingen te houden, over Astrid Lindgren en de politiek, over *Fanny en Alexander* van Ingmar Bergman, boeiende onderwerpen, dat wel, maar wat moet ik er nog mee? Als er iets is waar ik nu niet meer bij hoor, dan is het bij de wereld van opdrachten en deadlines.

Ik kijk naar het laatste deel van een documentaire over Wilhelmina, haar terugkomst naar Nederland na de oorlog, haar ontreddering bij het zien van de ravage in haar land, haar pogingen saamhorigheid onder de bevolking te creëren. De starre vrouw, die haar idealen zo gedwarsboomd ziet dat ze haar misnoegen telkens weer uitstort over haar naaste medewerkers. Trillend staan ze bij haar op de drempel, met weer een stapel papieren waar ze haar handtekening bij nodig hebben. Ik zie haar afstand doen van de troon op het

145

balkon van het paleis op de Dam, zoals ik dat als kind in werkelijkheid zag, vanuit een erker in de Industriële Club, het gebouw er bijna recht tegenover, waar mijn vader mij bij deze plechtige gelegenheid mee naartoe had genomen. Hier stond ik met pappa naar onze koningin te kijken, die we vlak na de oorlog voor het eerst hadden toegejuicht, 'Oranje boven, leve de Willemien', hoe vaak hadden we dat niet gezongen, gebruld. En nu deed die koningin zomaar afstand van haar troon. Dat kon toch helemaal niet, nu ze er net weer was, nu het land haar zo nodig had.

En dan gebeurt er iets wat ik niet voor mogelijk had gehouden, althans niet op dit ogenblik. Ik voel een lauwe straal over mijn wang stromen.

Hallo

Na mijn scheiding woonde ik een tijdje naast een jong gezin. Mijn buurjongetje werd met ernstige ademhalingsproblemen geboren. 'We kunnen hem kunstmatig in leven houden,' had de dokter gezegd, 'maar dan blijft hij een kasplant. Het is niet zeker of hij het op eigen krachten zal redden, maar als het hem lukt, dan kan hij het leven aan als ieder ander.'

De ouders kozen voor de eigen krachten van hun zoontje. Hij vocht zich het leven in en werd een stralend kind. Rond zijn derde mocht hij naar een peuterklasje. Als hij 's morgens voor zijn moeder uit door de voordeur naar buiten rende riep hij elke dag opnieuw 'hallo'.

Er liep op dat tijdstip zelden of nooit iemand langs, maar dat belette hem niet om zijn ochtendgroet te blijven herhalen.

Ik zorgde dat ik op tijd aan mijn schrijftafel zat voor het raam om dit ritueel niet te missen. Ik raakte eraan verslaafd. 'Als Okke 's morgens buiten komt roept hij hallo tegen de wereld.' schreef ik op, in de hoop dat hier ooit een gedicht uit voort zou vloeien. En dan iets in de trant van: 'Maar de wereld hoort hem niet.'

Het bleef bij die ene zin.

Bijna dertig jaar later komt hij weer bovendrijven. Nog steeds alleen die ene zin. Maar nu gevolgd door een ander beeld. De herinnering aan mijn eerste wandeling door Uppsala achter een gele kinderwagen met mijn pasgeboren eersteling erin.

Het was een baby die al meteen na zijn geboorte furore had gemaakt in het ziekenhuis met zijn zwarte bos haar en zijn donkere ogen. Daar kon geen van die Scandinavische bleekneusjes tegenop. Blakend van trots liep ik met mijn zoon door de straten in het centrum. Kap omlaag zodat iedereen de kans kreeg mee te genieten. Ik lachte naar de mensen met een blik die stond voor een uitnodigende groet. Maar de mensen lachten niet terug en ze zagen mijn jongetje niet.

Gisteren liep ik voor het eerst na maanden naar de bushalte op het plein. Er hing voorjaar in de lucht. Ik zou weer alleen op de trein gaan naar het dorp uit mijn jeugd. Daar zou ik mijn vroegste jeugdvriendin na jaren weer ontmoeten en samen met haar door de straten van onze kinderjaren gaan zwerven. En terwijl ik vol verwachting naar de bus liep keek ik om me heen en riep in gedachten 'hallo' tegen de wereld.

Bosplanten

Mijn elfjarige kleindochter logeert bij me en kijkt me aan de ontbijttafel boven een croissantje doordringend aan.

'Oma, wanneer heb jij te horen gekregen dat de borstkanker nu over is?' vraagt ze.

Ik zit even met mijn mond vol tanden. Dan zeg ik:

'Je weet wat de dokters allemaal gedaan hebben. Twee operaties om die nare bobbel en de klieren weg te halen, en daarna ook nog bestralingen voor als er misschien toch een verdacht celletje zou zijn achtergebleven. En nu voel ik me weer heel wat sterker. Ik wou zo dadelijk met jou het lentebos in gaan, plantjes halen voor mijn tuin. Jij mag een polletje witte bosanemoontjes uit de losse bosgrond scheppen, op een plek waar het vol staat. En dat mag je in mijn border planten en dan zul je eens zien wat het gaat doen. Volgend voorjaar hebben de wortels zich ondergronds vermeerderd. Dan komen de plantjes vanzelf en bloeien hier volop in de achtertuin, dan hoeven we er niet voor naar het bos.'

'Maar we gaan wel weer naar het bos,' zegt mijn kleindochter.

'Natuurlijk doen we dat, en dan halen we weer een ander plantje.'

'We gaan gewoon elk jaar door tot jouw hele tuin vol bosplanten staat.'

Tomaten

Ik sta bij de supermarkt in de tomaten te knijpen en zoek er wat harde uit. Opeens duikt er een man naast me op die zonder nader onderzoek een tros tomaten pakt en weer doorloopt. Hij beent met grote stappen verder, maar in die fractie van een seconde heb ik hem al herkend. De laatste keer dat ik hem zag stond de zuster al klaar met de injectienaald. Ik zag eigenlijk alleen zijn ogen, scherp en doordringend onder zijn operatiemuts. Hij zei iets tegen me. Hij zei: 'Ik ga nu precies doen wat we hebben afgesproken.'

'Taartpunt,' antwoordde ik, letterlijk vertaald uit het Zweeds, waar dit nog steeds de benaming schijnt te zijn voor een borstsparende operatie.

'Dat is hier verleden tijd,' zei de dokter. 'Wij doen dat nu wel anders.'

Mijn hart bonkte van die ogen in die akelige kille ruimte, die me nog het meest deed denken aan een abattoir, waar ik in het midden op die harde smalle bank lag met een grote lamp erboven. Voorwereldlijk zag het eruit. De chirurg pakte mijn arm en legde die opzij in een metalen gleuf, een soort dakgoot. 'Die heb ik zo dadelijk nodig om mijn werk te doen. Ligt hij zo goed?'

'Ja,' zei ik en weg was ik.

Ik werd wakker in een andere ruimte. Keek om me heen en wist wie ik was, wist waar ik woonde, wist zelfs nog wat de chirurg een seconde geleden tegen me zei. Sindsdien heb ik hem niet meer gezien. En nu grist hij hier zomaar een trosje tomaten weg.

Ik ben nog nooit zo lang bij de groentes blijven dralen.

Controle

De dokter van de tomaten zit stil over mijn dossier gebogen. Ik tegenover hem. Er is een halfjaar om na de operatie. Tijd voor controle. Ik zit hem te knijpen. Ik heb een therapie geweigerd. Dat zal hij zo wel zien in zijn papieren. Hij begint erin te lezen.

'U bent bij de cardioloog geweest, zie ik. En u slikt nu bètablokkers.'

'Nou nee, dokter, daar ben ik mee opgehouden omdat ze niet hielpen en ik last kreeg van bijwerkingen. Ik werk dat gefibrilleer nu weg met ontspanningsoefeningen en een bepaald muziekstuk. En ik slik wel braaf mijn bloedverdunners. En mijn bloeddrukpilletjes natuurlijk.'

De chirurg leest verder in het dossier: 'U hebt nu hormoontherapie, zie ik.'

Hè, wat vreemd, dat is niet geschrapt, hoewel ik het tot twee keer toe tegen de internist-oncoloog heb gezegd. Zelfs nog eens toen hij me opbelde om te horen of ik me bedacht had. Ik zet me schrap voor ik antwoord geef.

'Nou nee, dokter, die heb ik geweigerd. Ik heb zonder die pillen al overgangsklachten en vijf jaar is wel erg lang voor iemand van zevenenzeventig. En de internist zei dat ik zonder die therapie zeventig procent kans heb dat het goed blijft gaan en met 85 procent.'

'Hoe kan de internist dat zo zeker weten?'

'Statistieken, denk ik. En ik...' Hij onderbreekt me: 'Heel verstandig dat u hebt geweigerd.'

Hij pakt zijn vulpen en schrapt iets in het dossier. Ik probeer tevergeefs een vleugje sarcasme in zijn stem te ontdekken. Zou hij dit echt serieus menen? Zou de chirurg mij als mens zien?

Bij het onderzoek dat nu volgt krijg ik nog een pluim van hem, omdat ik mijn arm weer recht de lucht in kan steken. Hij weet wat daarvoor nodig is geweest.

Dat komt doordat ik elke dag een tijdje als een roerdomp in de paalhouding heb gestaan, beide armen recht omhoog gestrekt, handpalmen tegen elkaar, zou ik wel willen zeggen. Maar dat durf ik niet.

Schrijven

Collega's zoeken me op, soms komen ze van ver. Eén op één-bezoek. We zitten tegenover elkaar en prijzen ons gelukkig omdat onze hobby ons in leven houdt en werk heet. Werk dat we altijd met ons meedragen.

Ik vertel dat ik zelfs in het ziekenhuis een blocnootje op mijn nachtkastje had liggen. Dat ik in elke jaszak een stompje potlood en een vodje papier heb zitten. Dat ik 's nachts wel eens invallen opschrijf zonder het licht aan te steken. En die 's morgens niet meer kan ontcijferen.

Geknik van herkenning.

De een schrijft het best in de trein, de ander staand aan een hoog rond tafeltje in een café, en ik beken dat ik wel eens bij vrienden naar de wc ben gegaan om daar de perfecte for-mulering op te schrijven van een zin waar ik al een tijdje over tobde.

Het klinkt als gewichtigdoenerij – kijk ons eens bijzonder wezen – maar het is gewoon een basisbehoefte. Schrijven is als poepen of baren, vatte de Friese dichteres Diet Huber het ooit bondig samen. En het allermooiste is dat een krikke-mikkig lijf je er niet van kan weerhouden.

De Zweedse schrijver Sven Delblanc schreef zijn laatste boek in de terminale fase van een door zijn hele lichaam uit-gezaaide skeletkanker. Alleen zijn linkerwijsvinger was nog gespaard, en daar tikte hij mee op zijn laptop wat hij zijn leven lang zorgvuldig achter slot en grendel had bewaard. Hoe hij als puber zijn totaal verloederde vader opzoekt in Canada en terugkeert als een wrak.

Het boek verscheen postuum onder de titel *Kaf*.

Apetrots

Een jaar of wat geleden mocht ik de jaarlijkse Annie M.G. Schmidt-lezing houden in een kerk in Leiden. Ik vond het eervol en spannend, schoof het boek waaraan ik bezig was terzijde en werkte hard aan deze tekst. Om erachter te komen of het resultaat door de beugel kon las ik het voor aan een paar kritische vrienden. Ze luisterden aandachtig en dwaalden nergens af. Meer kon ik voorlopig niet wensen. De onrust begon pas echt te zakken toen ik tijdens mijn voordracht dezelfde aandacht bij het publiek voelde.

Mijn jongste dochter moest na afloop haastig vertrekken om de trein te halen, maar ik vond later, op weg naar het station, in mijn jaszak een vodje papier met in haar handschrift: 'Ik ben apetrots.'

Wat een schat, dacht ik.

Dit jaar hoef ik geen lezing te houden. Ik hoef alleen in de kerk aanwezig te zijn als luisteraar. Een fluitje van een cent, zou je denken. Maar die reis met het openbaar vervoer dan, het overstappen, de drukte op stations, het lawaai, de mensenmassa's, het stadsverkeer? En niet te vergeten mijn eigen emoties als ik me weer onder al die bekenden uit schrijversland begeef?

Hoe ga ik dat allemaal redden?

Ik red het, maar vind deze keer op de terugweg geen

briefje in mijn jaszak. Er is er maar één die apetrots op me is: ik.

Reünie

Samen met mijn jeugdvriendje Gerard bezoek ik een reünie van de lagere school. Op ons zesde werden hij en ik kameraadjes en dat zijn we tot op heden gebleven.

Iedereen krijgt een plakkertje met naam en jaartal van schoolverlating op zijn borst voordat hij de speelplaats op mag. Gerard en ik gaan op zoek naar klasgenoten onder de ouderen, maar de oudsten die er rondlopen zijn bijna allemaal tien jaar jonger dan wij. Twee kromme vrouwtjes komen gearmd op ons af geschuifeld, de ene met stok. Ze lijken weggewandeld uit een sprookjesboek. Na even knipperen zien we wie het zijn en vooral wie het waren. De hele oorlog zaten we in dezelfde klas, meestal in de banken, bij luchtalarm eronder. Er komt iets samenzweerderigs over ons en we gaan gevieren in een hoek van de speelplaats zitten om al pratend de menigte af te turen naar meer klasgenoten.

Gerard vertelt dat onze grote gangmaker Tom Kwak helaas niet kon komen omdat hij zijn ene voet nauwelijks meer voor de andere kan krijgen.

De twee oude vrouwtjes vertellen ons wie er allemaal dood zijn. Ze noemen er vijf in één adem. En dan zijn er een paar twijfelgevallen. Ik zeg niks over mijn wederwaardigheden van het laatste halfjaar.

Plotseling komt er een atletische man op ons af. Rode trui, blik van herkenning.

'Kiek!' roep ik uit. 'Kiek, ik heb nog een roodgeruit zakdoekje van je. Dat kreeg ik van je in de trein, op weg naar een film in Amsterdam, waar ik vier kinderen uit de klas mee naartoe mocht nemen voor mijn elfde verjaardag. Twee jongens en twee meisjes. De andere jongen was Gerard. Het was kort na de oorlog, weet je nog?'

Kiek bloost, maar hij kan het zich niet meer herinneren.

Gerard weet het ook niet meer.

'Dat zakdoekje heeft me mijn leven lang vergezeld. Ik heb er liters snot in uitgesnoten, maar het weerstond alle wasbeurten. Laatst zag ik dat er een heel klein slijtageplekje in is gekomen en toen heb ik het in mijn kist met bewaarspullen gelegd. Van snotlap tot kleinood. En ik dacht aan jou. Het is precies de kleur rood van je trui.'

Kiek lacht geheimzinnig.

'Je ziet er goed uit,' zegt hij.

Ik lach geheimzinnig terug.

Dan moeten we met z'n allen op de foto, net als twintig jaar geleden, bij het negentigjarig bestaan. Toen werd er een kopie gemaakt van de oorspronkelijke foto uit 1941. Dertien van de zeventien leerlingen stonden weer identiek opgesteld op de trap voor het gymnastieklokaal. We waren niet jong meer, maar wel nog in de kracht van ons leven.

Bij het eeuwfeest, tien jaar later, is geen klassenfoto gemaakt. Deze keer mogen we met ons vijven op een bank. Ik tussen Kiek en Gerard in. We lachen zo guitig mogelijk naar de jolige fotografe.

Even later nemen we afscheid met zoenen. 'Tot over vijf jaar!' wordt er geroepen.

Aan dat zoenen doe ik van ganser harte mee, maar die vijf jaar krijg ik niet over mijn lippen.

Chaos

Als gevolg van een paar dagen aanhoudende regen heerst er chaos in mijn tuin. Woekeraars vechten er om de hoofdrol. Het zevenblad rukt op, de oregano weet zich wonderwel te weren. Boterbloemen hebben met hun kartelblad de roze geraniums al weggevaagd. En tussen dat alles bloeien de grassen. Hoe lucht te krijgen in deze warboel zonder de spade erin te zetten en daarmee ook de wilde bolletjes van de blue bells, de lelietjes, de vogelmelk om zeep te helpen? Alleen de slingerende ranken van de hondsdraf laten zich gemakkelijk trekken.

De uitbundig bloeiende tuinplanten die door mijzelf zijn aangekocht op kwekerijen hebben allang het loodje gelegd. Een ongelijke strijd: gepamperde scabiosa, een delicatesse voor de slakken, een kasplantje naast de overlevers in weer en wind. Alleen de asters steken hier en daar hun stelen parmantig de lucht in. En de floxen doen hun best het laatste stukje van hun territorium te verdedigen.

Toch vrees ik dat het onkruid ten slotte zal zegevieren. De plant met het wijdst vertakte wortelsysteem. Het zevenblad steekt al overal de kop op, de meest notore woekeraar.

Ik voel me uitgeput, ben zelden zo vermoeid geweest als deze dag, er zit onweer in de lucht.

Na een korte nacht ontwaak ik nog steeds uitgeput. Dwing mezelf het bos in te gaan, stop bij een plek waar ik het zevenblad zie bloeien op de armetierige bosgrond. Het staat tussen het dorre blad als een grillig uitgelopen vlek van teerwitte luchtige schermen, die sterk doen denken aan het inmiddels uitgebloeide fluitekruid. Daar plukte ik eerder dit voorjaar armen vol van.

Na mijn rondje om Het Oude Hof neem ik op de terugweg opnieuw het pad langs het bloeiende zevenblad. Vreemd dat het zich hier in het bos, waar het vrij spel heeft, zo koest houdt. Zich beperkt tot die ene plek. Het heeft in deze armzalige bodem geen mededingers, geen tegenstanders, het hoeft hier niet zo nodig als in mijn overvolle tuintje.

Een uur later prijkt er op mijn eettafel een grote vaas met luchtig bloeiende schermen van het zevenblad.

Tuinman

De tuinman komt langs. Hij verschijnt wel vaker om even iets te snoeien of te verpotten sinds mijn arm me hierin belemmert. Op de borders heb ik hem tot nu toe niet losgelaten, veel te bang dat hij met het onkruid dierbaarheden weg zou spitten. De kievitsbloemen bijvoorbeeld, die zich elk voorjaar in grotere getale vertonen. Maar nu vraag ik hem toch wat orde in de chaos te brengen. Hij pakt een scherpe spade en spit een rij opgerukte varens weg. Er daalt rust maar ook ontroering over me neer als ik zie wat er tevoorschijn komt. Vetplanten, schildersverdriet, vrouwenmantel.

'Die groeiden hier vroeger,' zeg ik.

'Wacht maar,' zegt de tuinman, 'je zult eens zien hoe het er over een paar weken uitziet.'

We gaan in de schaduw zitten en drinken ijskoud water met munt erin en melisse, en schijfjes citroen. Ik vertel hem dat mijn oudste dochter net terug is uit Suriname, waar ze dorpen in het oerwoud heeft bezocht, die alleen per korjaal over de rivier te bereiken zijn. De mensen leven er van wat het bos, hun privé-akkertjes en de rivier hun te bieden hebben. Schoenen zijn er bij de kinderen onbekend, kleding is er nauwelijks. Ze is met een medicijnman het oerwoud in getrokken om kruiden te verzamelen tegen allerhande kwalen.

'Wat hebben jullie nou eigenlijk tegen kanker?' vroeg ze aan hem.

Hij keek haar aan en zei: 'Niks. Die ziekte komt hier niet voor.'

Toen informeerde ze naar de gemiddelde leeftijd.

'Er zijn hier in het dorp een paar mensen boven de honderd.'

De tuinman kijkt verbaasd op.

'Goh, ik had gegokt zo'n jaar of veertig,' zegt hij.

'Dat dacht ik ook. Daarom vertel ik het. Als zoveelste bewijs hoe mis het is met onze beschaving.'

We drinken onze glazen leeg.

'Mijn zus is ook overleden aan borstkanker,' zegt de tuinman.

Teek

Ik heb een teek. Ik ontdek hem bij het naar bed gaan in mijn lies, vlak onder het elastiek van mijn onderbroek, er zit al een rood heuveltje onder dat speldenprikgrote monster, foute boel dus. Ik grijp naar een pincet en trek voor mijn leven. In twee rukken heb ik hem eruit. Het bloedt nog behoorlijk ook. De rest van de nacht lig ik te stuiteren in bed. Ik bekijk de plek om het uur, want misschien, misschien was dat beest besmet en dan moet ik weer twee weken aan de antibiotica. Het is trouwens helemaal niet zeker dat zo'n kuur afdoende is. En het is ook niet zeker dat je niet besmet bent als er zich geen huidverschijnselen voordoen. Dan doet het virus zijn werk onderhuids, binnenslijfs. En dan bestaat er een risico dat je later last krijgt van allerhande onverklaarbare neurologische symptomen en dat je dan alsnog behandeld moet. Er zijn mensen die wel een jaar aan een infuus in het ziekenhuis hebben gelegen om eraf te komen. En dan nog... Je kunt levenslang gehandicapt raken. Je kunt...

Ik kom doodmoe mijn bed uit en ga lang onder de douche staan. Bekijk de tekenbeet. Ja, daar zit hij. Het was geen nachtmerrie. Voorzichtig maar met het afdrogen.

Ik drink een kop groene thee. Wat had ik ook alweer nog meer?

O ja, borstkanker. Ik heb allerlei behandelingen ondergaan, heb me in die maanden op het ergste voorbereid. Op de dood bijvoorbeeld, die heel wat stappen dichterbij is gekomen. Dat betekent natuurlijk niet dat ik hem nu vrolijk welkom heet, alleen dat ik me door hem niet meer van mijn stuk laat brengen.

Maar die teek heeft vannacht kans gezien me de stuipen op het lijf te jagen.

Mijmeren

Helaas wordt mijn ochtendritueel in het bos geregeld verstoord door springende honden. Of door vrouwen die midden op het pad staan te praten. Van die gesprekken waar je tijdens het passeren flarden van opvangt. Gisteren hoorde ik iemand zeggen: 'Ik deed dat heel anders, het eerste jaar. Maar ja, zij kiest hiervoor...'

Hoe anders? dacht ik terwijl ik verder liep. En waar zou die zij voor kiezen? Zou zij soms...? Stof genoeg voor de rest van mijn wandeling. Stof voor speculatie, voor identificatie, voor verkramping, voor angst.

Vandaag wordt het pad grotendeels versperd door twee andere vrouwen, die over hun fietsstuur hangen, terwijl hun honden eromheen dartelen.

En nu niet luisteren, neem ik me voor en ik versnel mijn stappen. Maar ik vertraag ze alras bij het woord 'medicatie'. En ik spits mijn oren. 'Goed contact met de huisarts.' En dan erachteraan: 'Je moet het in de gaten houden...'

Wat in de gaten houden? Welke huisarts, welke medicatie, welke ziekte?

Moet ik nu deze wandeling ook weer laten verpesten? Ik zoek niet voor niets altijd de stiltecoupé op in de trein en maan overtreders tot de orde door naar de tekst op het raam te wijzen.

Aan de rand van het bos zou een bord moeten staan met STILTEBOS.

Dichters

Een dichter is dood. Toen ik het hoorde op het nieuws dacht ik eerst dat het om Gerrit Kouwenaar ging. Ik had ergens in een interview gelezen dat hij wel uitzag naar de dood, maar er niet voor uit het raam zou springen. De leeftijd die genoemd werd moest een vergissing zijn. Kouwenaar was geen achtenzestig maar bijna negentig.

Pas nadat ik eindelijk tot me door had laten dringen dat het om Komrij ging, was mijn eerste gedachte: O nee, niet hij die nog zo veel te zeggen heeft, zo veel aan de kaak te stellen, hij, meester in het leggen van vingers op wonde plekken.

Mijn tweede gedachte was: Maar waaraan is hij dan doodgegaan? Wat had hij? Hoe lang al? En toch nog optreden tijdens de Boekenweek. Hoe deed hij dat? Dat iemand dat kan, zo vlak voor het einde. Want dat wist hij natuurlijk, dat het einde in zicht was. Maar wanneer, dat blijft de vraag. Sterven in het harnas. Dat zou je wel willen. Je zou het er wel op aan willen sturen. Een dirigent die ineenzijgt tijdens Mahler...

Een paar dagen later hoor ik op diezelfde zender een gesprek met Leo Vroman.

Leeft die nog? is nu mijn eerste gedachte. Of liever gezegd: Leeft die dan nog wel? Hij loopt al tegen de honderd. Maar hij klinkt springlevend, hij is een dagboek kwijt uit 1942 en hoopt dat iemand het ergens kan vinden. De interviewster noemt de dood van Komrij.

'Jammer,' zegt Vroman, 'een kind.' En hij vertelt dat hij nog elke dag een of twee gedichten schrijft. Hij weet niet of dat nu wel gezond is. Zijn vrouw Tineke is en blijft zijn muze. Al bijna driekwart eeuw zijn ze samen.

Hij is er wel zesennegentig mee geworden, dus ongezond kan het niet zijn, zegt de interviewster.

Hij vindt zichzelf niet oud vergeleken met meerdere van zijn huisgenoten, die een stukje boven de honderd zijn.

Sla

Wonderlijke wandeling door de polder in de wind, langs het huis van Roland Holst, ooit prins der dichters. Weer een dichter dood. Kopland, zevenenzeventig. Hij laat een rijk oeuvre na, maar wordt links en rechts herdacht met dat ene citaat: 'Jonge sla'. Godzijdank dat hij in stilte begraven gaat worden en niet blootgesteld hoeft aan de eenduidige loftuitingen van een selecte groep literaire vrienden en bewonderaars. Met enige aarzeling zette ik eergisteren de tv aan om de afscheidsbijeenkomst voor Komrij te aanschouwen. De meeste sprekers putten zich uit in onschuldige anekdotes over de lieve man met de scherpe pen. Af en toe werd er iets te zwelgend gerefereerd aan persoonlijke logeerpartijen in Vila Pouca.

Ik betrapte me erop dat ik zat te wachten op het ogenblik dat de dichter uit zijn kist tevoorschijn zou springen, zoals hij deed toen hij de P.C. Hooftprijs uitgereikt kreeg en bij wijze van grap en generale door zijn vrienden Koot en Bie in een kist gestopt werd, die Bie doormidden zaagde. Maar hier werd niet gezaagd en niet gesprongen, deze kist bleef roerloos wachten tot het spektakel over was. En ik dacht aan de schrijvers en dichters die nu thuis voor de treurbuis zaten, sommige knarsetandend, omdat ze door de man in de kist met hun ganse oeuvre voortijdig de grond in gestampt waren. Vol gif.

Wat gaat het jou allemaal aan, jij loopt hier in de wind, roep ik mezelf toe. Maar de wind werkt niet mee, hij wil mijn hoofd niet schoon blazen. Bij gif denk ik aan *Gifsla*, de titel van een boek van Wolkers. Die bedankte voor prijzen en lintjes, hield zich ver buiten het literaire circuit, tuurde liever naar het gekrioel in zijn vijver. Liet zijn as uitstrooien onder zijn lievelingsboom in eigen tuin op het winderige Texel. Twee weken later droop er een zwarte bloedstroom langs de stam, las ik ergens. Of ik hoorde het op de radio. Ik heb het in elk geval niet zelf verzonnen, maar wel voor altijd onthouden.

Knokken

In advertenties zie je zo nu en dan staan dat de overledene 'een ongelijke strijd heeft gestreden en verloren'.

Is kanker te boven komen dan een kwestie van knokken? Moet je knokken tegen die verraderlijke vijand? En hoe doe je dat eigenlijk?

De doktoren doen wat ze kunnen, je ondergaat de noodzakelijke behandelingen, met of zonder onaangename bijwerkingen die er nu eenmaal bij horen, en daarna leef je van controle naar controle en hoopt er het beste van. Je wandelt, je fietst, eet gezond en vermijdt de plofkip. Je ontspant op de bank met een boek of op je bed zonder boek. Je gaat op een geestverrijkende cursus, geeft je creativiteit de ruimte. Misschien moet je nog eens onder het mes. Nieuwe bijwerkingen, nieuwe vraagtekens. Maar knokken?

Toen ik onlangs een tijdje op 'cardio' zat om mijn conditie op trainingsfiets en loopband omhoog te vijzelen en lijf en leden te rekken en strekken aan ingenieuze apparaten, en ik na afloop nog een keer bleef kijken naar hoe anderen dat aanpakten, kreeg ik wel de indruk dat er hier en daar geknokt werd. De tanige vrouw met het stoppeltjeshoofd die zich de benen uit het lijf liep, die roeide of ze de Varsity moest winnen, die fietste of ze de Mount Everest wou bedwingen, die af en toe hijgend en glimmend van het zweet een paar slokken water nam, een handvol studentenhaver in haar mond stopte voordat ze op het volgende apparaat aanviel, ja, die vrouw was aan het knokken. Maar tegen wat, tegen wie? Knokte ze tegen een verdwaalde restcel, of knokte ze om nieuwe cellen in de kiem te smoren?

Als je in termen van knokken blijft denken, moet je maar een boksbal ophangen en die er af en toe flink van langs geven. Je mept je in het zweet, roept krachttermen tegen een vijand die je niet kent, die misschien wel niet meer is dan je eigen angst, je eigen agressie.

Rots

'Er zijn dingen in je leven waar je geen greep op kunt krijgen,' zegt mijn dokter uit de andere hoek als ik hem heb toevertrouwd dat er bij mij, ondanks de rigoureuze schoonmaakacties waaraan ik lijf en geest de laatste jaren al schrijvend heb onderworpen, toch nog een restje machteloze woede uit het verleden is achtergebleven. Woede die geen kant op kan en daardoor ruimschoots de kans krijgt te gaan woekeren. Ik zou zo graag willen vergeven en vergeten, ik verlang zo naar een schone lei, een maagdelijke vlakte, maar stuit in plaats daarvan toch telkens weer op een betonnen muur. Natuurlijk ben ik daar met de pen in de hand overheen gevlogen, maar ik ben geen gierzwaluw die zijn leven in de lucht leeft. Die daar kan eten, drinken, slapen, paren. Ik wil grond onder mijn voeten, ik wil obstakels op mijn pad uit de weg ruimen, ik wil door.

'Zie het anders,' zegt de dokter. 'Zie het niet als een betonnen muur, maar als een rots in een rivier. Die rots ligt daar midden in het water en dat water ben jij, dat zijn we allemaal, en dat water stroomt aan alle kanten om de rots heen. De rots blijft rustig liggen waar hij ligt en het water vindt zijn weg vanzelf, tot het uitmondt in de zee.'

Mager

Weer zei iemand dat ik zo mager was geworden. Deze keer was het een lieve vriendin die vanuit het buitenland naar me toe was gekomen, zeer begaan met mijn lot. Ze keek me aan met angst en medelijden in haar blik. Ik antwoordde dat ik het woordje 'mager' onmiddellijk met mijn ziekte associeer, bang als ik ben voor uitzaaiingen. Bij het minste vermoeden in die richting moet ik naar de dokter. Een minuscuul bloedvlekje waar dat niet hoort, toegenomen kortademigheid, rare krampen, steekjes ergens in de buik, vreemde hoofdpijn, duizeligheid, bobbeltjes, je kunt overal wel van op tilt raken. En als de onrust blijft moet je natuurlijk ook op de weegschaal gaan staan. Afvallen is een veeg teken. Daar krijgen die symptomen een nieuwe lading door. Meer gewicht.

Ik heb me al een tijdje niet gewogen. Maar sinds haar bezoek lijkt het wel of de vreemde verschijnselen zijn toegenomen. Nu eens dit, dan weer dat, soms verdwijnt iets weer, soms houdt het aan. Na twee keer de trap op en af ben ik al buiten adem. Conditie achteruit gekelderd. En nu naar de weegschaal!

Eerst pas ik nog even een broek die ik al een tijdje niet aan heb gehad. Slobbert hij? Ja, wel een beetje misschien, maar ik geloof dat hij vroeger ook al slobberde en dat ik er een riem omheen droeg. Ik zoek bij mijn oude ceintuurs, rijg er een door de lusjes en trek hem aan. Wat ver krijg ik hem. Heb ik hem ooit eerder op dit gaatje gehad? Ja hoor, er zit een donkere moet, een gleuf die alleen maar ontstaan kan zijn door veelvuldig gebruik.

Dan nu schoenen uit, broek uit, t-shirt uit, nee, dat hoeft niet, dat blijft aan, zo veel weegt een t-shirt niet. Dat gaat geen doorslag geven.

De naald staat even te trillen. Stopt boven op de zestig. Dat deed hij een halfjaar geleden toch ook al?

Bloes

Achter in mijn klerenkast hangt een zwarte zijden bloes met een motief van zandkleurige kransjes. Ik heb hem al jaren, ben er zuinig op, hij zit me als gegoten en past zich aan bij mijn lichaamstemperatuur. Die zou vandaag lekker zitten in de hitte, constateer ik als ik de inhoud van de kast heb nagelopen. Ik haal de bloes tevoorschijn, maar trek hem niet aan. Ik droeg hem vorig najaar voor het laatst, op de eerste slechtnieuwsdag, die van de mammografie en de noodlottige echo van de radioloog. Ik waste de bloes de volgende dag, maar kreeg het slechte nieuws er niet uit weg. Hing hem achter in mijn kast, daar zou het wel slijten, dacht ik. En nu sta ik ermee in mijn hand. Het lijkt wel of het slechte nieuws heeft gejongd, als motten in een trui.

Ik was de bloes nog een keer en hang hem in de harde warme wind op een knaapje aan de waslijn. Knijper er stevig omheen. Na een uurtje ga ik kijken en zie hem daar wild wapperen. De wind heeft de meeste kreukels er al uit geblazen. Hij zal wel gauw droog zijn.

Een halfuur later ga ik weer kijken. De waslijn is leeg. Alleen de knijper zit er nog. De bloes is met knaapje en al verdwenen.

Zie je wel, is mijn eerste gedachte, zo moest het gaan. Verdwenen in het niet. Net goed.

Maar dan zie ik de bloes in de klimroos hangen, samen

met de klerenhanger zit hij gedrapeerd tegen de gevel van de schuur.

Ik haal een ladder en trek tuinhandschoenen aan. En dan begin ik de bloes van de stekels los te peuteren. Zodra het me op één plek lukt, wordt hij ergens anders weer gepakt. Ik word duizelig, dit is geen taak voor mensen van mijn leeftijd. En vooral niet voor mensen met een lymfearm die bij het minste prikje van een rozenstekel ontsmet moet worden. Om maar niet te spreken van een val. Voor je het weet lig ik op de grond met een gebroken heup. Maar nu is er geen weg meer terug.

Opeens schiet de bloes los. Ik neem hem mee de ladder af, controleer of er ergens een stekel in is achtergebleven. Niks, de bloes is glad en zacht en droog. Als nieuw.

Ik loop ermee naar boven en hang hem terug. Achter in de kast.

Vest

Binnenkort ben ik jarig. Het wordt tijd voor een nieuw vest. Alle oude zijn aan het pillen – raar woord eigenlijk voor het samenkoeken van zachte wollen pluisjes tot bolletjes. Ik haal twee vesten van het rek en loop ermee naar het pashokje. Het ene is kort en van zachte wol, blauw en zwart gestreept. Wel pilgevoelig natuurlijk, maar mooi. Het andere is olijfgroen en hangt tot over de heupen. Het heeft zakken waar je je handen in kunt steken. Het is van katoen en eigenlijk niet warm genoeg voor de winter. Maar het zit wel zacht en ruim. Terwijl ik voor de spiegel sta denk ik aan mijn dochters. De oudste is veel tengerder dan ik, de jongste neemt wel eens iets van me over. Maar dit vest past niet bij haar, ook de kleur niet. Toch jammer. Dan dat andere nog maar eens passen. Dat zou mijn dochter net iets te strak zitten, denk ik, maar mijn kleindochter van vijftien is dol op streepjes. Die zou hier wel iets in zien. En dat de wol een beetje kriebelig is zal voor haar geen probleem zijn. Ze had laatst een shetlandtrui aan met de boord tegen haar blote hals. Dit vestje zou haar prachtig staan op een strakke zwarte broek. Ik zie haar erin lopen door de lange gangen van haar school.

Maar wie had er ook weer een nieuw vest nodig?

Ik trek het olijfgroene nog eens aan. Zie mijn eigen gezicht in de spiegel. Zie dat de kleur perfect bij me past. Voel de losjes vallende kraag zachtjes in mijn nek. Steek mijn handen in de zakken. Ik koop het. Voor mezelf.

Vliegenmepper

Mijn kleinzoon is acht geworden op mijn zevenenzeventigste verjaardag. Je kunt het ook omdraaien, ik ben zevenenzeventig geworden op zijn achtste verjaardag. We hebben onze dag hier bij mij gevierd. Cadeaus uitgedeeld. Zijn grootste wens is vervuld. Hij kreeg een burcht van Playmobil en een boek over de middeleeuwen. Voor zijn oma tekende hij een ridder die zwaait met zijn zwaard. 's Avonds nam zijn vader het hele gezin vorstelijk mee uit eten. En nu zit ik met mijn achtjarige kameraad op het schaduwrijke terrasje in de achtertuin. Het is ochtend, zijn ouders en grote broer zijn gisteravond naar huis gereden, hij mag nog een etmaal blijven.

Wat een geluk dat zijn hoofd meer behoefte heeft aan dagelijkse training dan zijn armen en benen. Het is buitensporig warm. Als hij er nu niet was, zou ik mezelf uitgeput noemen.

We hebben potlood en papier mee naar buiten genomen, we doen boter-kaas-en-eieren, ik weet niet hoeveel keer, vellen vol, steeds weer nieuwe combinaties, steeds weer dezelfde winnaar.

Hij heeft een vliegenmepper achter zijn riem gestoken om er de linkerarm van zijn oma mee te verdedigen tegen insecten. Hij zwaait er af en toe onheilspellend mee. Weg jullie, gevaarlijke vijanden, weg vliegen en muggen, weg wespen, bijen, hommels. Weg alles wat vliegt. Weg hiervandaan.

Ik voel me als een jonkvrouw, in veilige handen bij haar ridder.

Kaart

Ik hoor de brievenbus klepperen. Sta op, loop naar de trap en zie van boven dat er, zoals vaker deze zomer, meer op de mat ligt dan alleen grote enveloppen van instanties die iets van me willen. Een ansichtkaart met de beschreven kant naar boven. Weer een vakantiegroet. Weer van vrienden die ergens ver hiervandaan in het groen een huisje hebben gehuurd. Een weids uitzicht aan alle kanten. Stralende zon. Eindeloze wandelmogelijkheden, schilderachtige dorpjes in de omgeving, een riviertje om in te zwemmen, kerken en kloosters om te bewonderen, en niet te vergeten het heerlijke eten. Tot laat in de avond met een fles wijn op een terrasje. Nieuwe ontmoetingen, nieuwe impulsen. Het kan niet op.

Het hele verhaal staat al met koeienletters in mijn hoofd geschreven als ik de trap ben afgelopen. Elke zin bij mij voorzien van een uitroepteken.

Dan pak ik de kaart van de deurmat en draai hem om.

Inderdaad, een middeleeuws stadje in de schemering, aan een bocht van een rivier.

'Wat mooi, hè?' zijn de eerste woorden op de beschreven achterkant.

Lieve vrienden laten mij meegenieten van hun vakantie.

Stenen

De ene dag wil ik het bos niet uit, de andere wil ik er niet in. Dan kom ik uit de zonnige polder waar een vriendelijk windje waait en is het bos me te benauwd. Maar het bos kan ook mijn beschermer zijn, mijn tweede huid, en dan maak ik er een extra rondje om dat felle polderlicht niet in te hoeven.

Vandaag begin ik in het bos, de zon is omfloerst, hij zendt strakke stralenbundels omlaag. Als lange schijnwerpers vallen de banen licht schuin tussen de stammen door. Je waant je op een nachtelijk eiland waar de vuurtoren zijn lichtkegels rondstuurt.

Ik heb moeite het bos te verlaten, maar de nevels geven ook de polder een mysterieuze sfeer. De schapen grazen er vredig. Tot er een vliegtuig laag over komt vliegen, op weg naar zijn landingsbaan. Het blaten is nu niet meer van de lucht.

Het blijft niet bij dat ene vliegtuig. Ik tel er zo al drie. Kanjers van vliegmachines vol terugkerende vakantiegangers, om halfnegen 's morgens, vlak boven dit stille ochtendlandschap.

Stel dat ik een van die toeristen was, waar had ik nu vandaan willen komen?

Tja, waarvandaan? Van een rotsig Grieks eilandje misschien, na een verblijf in een oud vissershuisje, als enige buitenlander tussen de tanige oude mannen en vrouwen. Mee levend van hun zelfverbouwde, zelfgeplukte en zelfgevangen voedsel. Ik had er dagelijks op een strandje aan een diepe baai gezeten en stenen verzameld, zoals ik dat ooit deed op het eiland Paxos. Met dichte ogen zocht ik daar stenen uit om mee naar huis te nemen, stenen waar alle scherpe kantjes door de zee van af waren geschuurd. Ze moesten voelen in mijn hand of ze daar hoorden, zijdezacht of aangenaam ruw, plat, ovaal, bol, groot, klein, langgerekt, en allemaal beslepen door het eeuwenlang aanklotsende water. Uren kon ik daar op dat verlaten strandje zitten wikken en wegen, tot ik een flinke stapel stenen had, die ik diep weggestopt in schoenen en gewikkeld in ondergoed mee naar huis nam. De zwaarste vóór de douane in mijn handtas overgeheveld om de koffer te verlichten.

Die stenen liggen al jaren bij mij thuis op een tinnen bord. Ze worden dikwijls opgepakt door nieuwsgierige handen, betast, gewogen. Kleinkinderen spelen ermee, voelen met dichte ogen hoe zacht ze zijn, en hoe verschillend van vorm en structuur. En het ene vliegtuig na het andere komt aangevlogen, en ik hoef er niet uit te stappen.

Storm

De tropische storm Isaac nadert New Orleans. De noodtoestand is afgekondigd, de mensen in lagergelegen delen van de stad hebben hun biezen gepakt. Mijn zoon woont met vriendin en kind betrekkelijk veilig in een oud arbeidershuisje, vlak achter de dijk. Ze hebben een voorraad water en voedsel ingeslagen, hun luiken hermetisch gesloten. Ze zijn op het ergste voorbereid, hopen er het beste van. Morgen zal Isaac uitgegroeid zijn tot een orkaan categorie twee, dat is altijd nog minder erg dan Katrina, die een vijf had gekregen en een gruwelijke slachting aanrichtte. De stad begon er net weer wat bovenop te komen, de dijken langs de oevers van de Mississippi en het meer Pontchartrain waren – hier en daar bijgestaan door experts uit Nederland – zo'n beetje in hun oude staat hersteld, maar het was duidelijk dat een tweede Katrina noodlottig zou worden.

Anderhalf jaar na die ramp kwam ik er voor het eerst en werd geschokt door wat ik toen nog zag. Al die dichtgetimmerde huizen, volgeklad met boter-kaas-en-eierentekens. Ik vroeg wat dat te betekenen had en kreeg te horen dat na huiszoeking een kruis voor een lijk stond en een nul voor niks gevonden. Iedereen had zijn verhaal voor op de tong. De meeste schrijnden.

Nu zie ik mijn tweejarige kleindochter voor me in het grote bed. Ze ligt tussen haar ouders in, met een stapel prentenboeken en spelletjes. Ik zie hoe haar vader die oortjes af en toe dichtdrukt tegen het gebulder van de storm. De stroom is uitgevallen, ik kan ze daar niet meer bereiken. En ik loop hier machteloos over het Paddenpad en voel geen sprankje wind. Alsof die al zijn krachten daarginds heeft gebundeld. Mijn land ligt onder een stolp.

De rest van het etmaal hou ik bij Stormpulse op mijn beeldscherm in de gaten hoe Isaac zich ontwikkelt. Pas halverwege de nacht gebeurt er iets drastisch. Hij begint in kracht af te nemen. New Orleans staat nog op de kaart. Er kan daar weer muziek worden gemaakt. Er kan weer gedanst en gelachen.

Ik wil erheen, dit is de enige verre reis die ik ooit nog hoop te maken, ook al zullen mijn linkerarm en algehele conditie zich er zo hard tegen verzetten dat het hoogst waarschijnlijk bij een wensdroom zal blijven. Maar in mijn wensdroom zit ik met dat jongste kleinkind in de oude mosgroene tram, die jaren na Katrina in eer is hersteld en nu weer schokkend en knarsend door de straten rijdt. En we praten tegen elkaar in een mengelmoes van haar vaders en haar moeders taal. En we lopen hand in hand onder de eeuwenoude eiken, die met hun enorme wortelsysteem de trottoirs in achtbanen willen veranderen. Boven onze hoofden hangen de Spaanse mossen in lange slierten zachtjes wuivend aan de takken en nemen ons mee naar een sprookjeswereld, waar we ons veilig voelen. Alsof die tere taaie weefsels ons niet alleen koelte maar vooral ook kalmte en vertrouwen willen toezwaaien. En zij kunnen het weten, zo veel orkanen als zij hebben doorstaan!

's Avonds voor het slapengaan doen we spelletjes, eindeloos veel spelletjes. Alleen één spelletje niet: boter-kaas-en-eieren.

Drama

Het huis van mijn achterburen staat plotseling te koop. Jonge mensen met drie kleine kinderen, in rap tempo op de wereld gezet. Een gezin met een toekomst.

Als ik erlangs loop zie ik dat de meeste meubels zijn verdwenen. Dat mijn buurman met gebogen hoofd aan tafel zit. Roerloos, in zijn eentje.

Op de terugweg zie ik hem bij het hek staan. Hij is mager geworden, zijn ogen staan dof en zeggen meer dan woorden. Maar na een korte groet komen er toch een paar:

'Het is een drama,' zegt hij.

'Het is het ergste,' zeg ik. 'Ik weet het.'

'Vooral voor de kinderen,' mompelt hij.

Dan denk ik aan mijn eigen scheiding, meer dan een kwart eeuw geleden. In de periode die voorafging aan dit onherroepelijke besluit hoopte ik wel eens dat een van ons, mijn man of ik, getroffen zou worden door een ziekte, die al ons geharrewar in rook zou doen opgaan. Zodat we weer met onze neus op de essentie van het leven gedrukt zouden worden. Een van beiden in een rolstoel, de ander erachter. Een van beiden dood. Ja, erg voor de ander, erger nog voor de kinderen.

Ik ben wel eens bang dat kinderen van een scheiding meer last kunnen hebben dan van de dood. Omdat de ouders voor een scheiding zelf verantwoordelijk zijn.

Geluk

Mijn hoofd is volgestroomd met indrukken van een bruiloft. Zelden heb ik een stralender bruidspaar gezien. Een feest met veel taart en muziek, een zesenzeventigjarige bruidegom die rondedansjes maakte met zijn kleinkinderen. Een lied uit elf kinderkelen.

Intevreden stapte ik gisteravond in bed. Ik had het niet voor mogelijk gehouden dat ik zo zou opgaan in het prille geluk van mijn vriendin met wie ik zo vaak op reis ben geweest. Kort nadat zij de liefde op haar pad trof, trof ik Ka op het mijne.

Nu is het zondagmorgen, vroeg nog, ik denk aan het bruidspaar dat zijns weegs is gegaan en ga mijns weegs. Loop door het bos, de landerijen in, een pad op over de dijk langs een sloot. Een reiger vliegt op, zwaluwen komen in actie, ik ben hier ongewenst. Ik loop behoedzaam door, voetje voor voetje, en speur de slootkant af. De kamille is op zijn retour, maar als je zo'n geel hartje verpulvert, samen met een paar van de fijn vertakte blaadjes, ruik je de geur nog. En dan zie ik vlak aan de waterkant lila bolletjes bloeien, wat groter dan die van de kamille, het is watermunt.

Watermunt. Die vond ik ooit in Zweden in een drassig weiland, waar het wemelde van de zachtpaarse bolletjes tussen het gras. Ik plukte er gretig van, wreef de blaadjes fijn tussen mijn vingers om de geur nog beter op te kunnen snuiven, zette boeketten neer en kookte er thee van. Het hele gezin dronk mee.

Voor mijn verjaardag, wat later die zomer, kreeg ik van de kinderen een boekje met de titel: *Geluk is een wei vol watermunt.*

Momenten

Mijn vrienden straalden geluk uit. Ik heb geluk gehad dat ik nog leef. Dat ik zevenenzeventig ben geworden, dat ik kinderen en kleinkinderen heb die met me meeleven, die positief in het leven staan. Dat ik mijn benen nog kan gebruiken, mijn hoofd, mijn handen, dat ik mijn eigen bonen weer dop... Aan de lijst komt niet snel een einde. Geluk bij een ongeluk, dat is ook geluk. Maar het geluk van de watermunt was een momentopname. Daarom zou ik het woordje 'geluk' willen vervangen door 'mooie momenten'.

Mooie momenten die eruit springen, één kort fragment in een muziekstuk, één smaaksensatie, één blik van een medemens. En die mooie momenten dan zien vast te houden of op te roepen. Als je dat kunt, dan heb je geluk. Maar de steken van jaloezie, die moet je laten vallen. Als je dat kunt, dan heb je werkelijk geluk.

Geuren

Er is gemaaid in de bermen. Een geur van vers gras. Ik snuif erop los, wat is er toch met deze geur die zo veel mensen als hun favoriete beschouwen? Vers gemaaid gras, bijeengeharkt in je tuin. Geen zweem van parfum. Is dat het? De associatie met puur natuur? Dat frisse vochtige groen, samengepakt in je handen, tegen je gezicht gewreven. Je zou het bijna willen eten.

Maar er is een geur waar zelfs vers gras niet aan kan tippen. Die van pas gekapte stammen, opgestapeld langs een bospad. Stammen van vurenhout. Vaak heb ik tijdens een boswandeling gepauzeerd naast een stapel verse sparrenstammen. Dat geprikkel in je neus, waarvan je net niet gaat niezen, het pept je op maar bedwelmt tegelijk, als een drug.

Vorige winter, toen ik in het dorp langs een stalletje op een trottoir vol kerstbomen reed, stapte ik af omdat ik die geur rook. Zelfs daar hing hij dus nog, misschien wel weken na het transport. Ik liep snuivend tussen de bomen door en besloot er een te kopen. Een kleintje.

Toen ik afrekende vroeg de verkoper of ik er geen bus dennengeur bij wilde hebben.

Ik schrok. 'Wat zegt u, dennengeur uit een bus?'

'Ja, wat denkt u, mevrouw, dat de natuur dat hier allemaal gratis produceert?'

Ik moet nog steeds verschrikt naar hem gekeken hebben.

'We hebben ook naaldengroen voor u,' zei hij.

'Naaldengroen?'

'Dat is tegen oudejaarsavond geen overbodige luxe.'

Ik kocht mijn boompje, zonder naaldengroen en zonder dennengeur.

Geurloos bracht het bij mij de kerstdagen door, terwijl de naalden langzaamaan vergeelden.

Ondertussen loop ik verder langs de gemaaide berm en vraag me af of er ook spuitbussen bestaan met de geur van vers gemaaid gras.

Scheerschuim

Een drukkend warme nazomerzondag. Er staat geen zuchtje wind. Tegen het eind van mijn dagelijkse ronde door het bos duiken er wat wandelaars op. De meesten hebben behalve een hond ook een luchtje uit een pot of spuitbus bij zich. Douchegel, aftershave, shampoo, bodymilk, lotion, geuren die niet zo snel vervliegen. Sommige zijn zelfs penetrant. Dat zijn de luchtjes die andere luchtjes willen maskeren. Deodorant in ongewassen oksels. Bij die lucht ga ik vanzelf sneller lopen. En dan verlang ik opeens naar een ochtendgeur uit mijn jeugd. De geur van scheerschuim.

Als pappa 's morgens in zijn witte onderhemd voor de spiegel stond, zijn donkere broek met de scherpe vouwen en de bretels al aan, dan keek ik vaak toe hoe hij zijn gezicht stond in te zepen, hoe hij de zachte kwast behendig over kin en wangen liet glijden tot hij een witte clownskop had. Soms gaf hij me een kusje en dan kreeg ik zijn scheerschuimgeur erbij.

Wanneer hij even later in zijn kantoorpak beneden kwam met gladde wangen, dan zat er soms nog naast zijn oor een wit schuimvlokje, dat ik eraf wipte. Het kusje dat ik hem gaf bij zijn vertrek voelde zacht, alsof hij plotseling een vrouwenwang had gekregen, maar de geur van scheerschuim was er nog. 's Avonds bij zijn thuiskomst had hij weer mannenwangen. Dan waren er tijdens de uren op kantoor minuscule stoppeltjes tevoorschijn gekomen. En dan rook de ruwe avondkus alleen nog naar sigaretten. Maar zelfs de rooklucht van pappa's avondkus is me liever dan al die geurtjes uit bussen en potten en tubes hier in het zondagochtendbos.

Kasplant

Wat is dat toch tegenwoordig? Alles ruikt sterker, voelt sterker, smaakt sterker, raakt sterker, raakt dieper, alsof die dokters een laag hebben blootgelegd waar nog geen eelt op zit. Met wat eelt op je huid kun je het leven heel wat beter aan, word je weer wat normaler. Herkenbaar voor je omgeving, die niets liever wil dan jou weer als de oude zien. Toe nou, drink weer eens een glaasje, ga eens mee naar een museum, naar een toneelstuk, zit niet eindeloos te wikken en te wegen of je zo'n onderneming wel aankunt, loop nou niet meteen weer weg van dat verjaarsfeestje als jij het er te vol of te druk vindt. Doe niet zo moeilijk, je bent toch geen prinses op de erwt. Toch geen kasplant? Je wilt de rest van je leven toch niet achter glas slijten!

Zie jezelf gewoon als een slang die zijn oude vel heeft afgeworpen en even naakt ligt te bibberen tot hij zonder mopperen of klagen weer aan het kronkelen slaat, vol vertrouwen dat zijn nieuwe huid een waardige opvolger zal zijn van de oude.

Dansje

Met een denkbeeldige mattenklopper jaag ik mezelf elke ochtend het huis uit. Hup twee, wandelen maar weer. Warm of kil of winderig. Moe of niet moe. Bij thuiskomst ben je er altijd beter aan toe. Vandaag giet het van de regen. Vandaag hoef ik niet. Hoef ik niet? En ik had juist zo'n puike regenjas aangeschaft. Die moet nodig eens getest. Maar ik krijg mezelf de deur niet uit.

Wat wil ik vandaag dan wel? Muziek. Muziek, maar nu geen Bach, geen *Canto*, geen Brahms, niks van die milde troosters. Ik wil voeten-van-de-vloermuziek. Maar hij moet me wel iets te zeggen hebben.

Zulke muziek hoorde ik laatst. Ik zette de radio aan en viel midden in het slotconcert van het Holland Festival. Even dacht ik nog dat ik de verkeerde zender te pakken had. Maar nee, wat ik hoorde kwam toch echt uit het Concertgebouw. Hoe konden al die mensen daar stil bij blijven zitten? Het was het Simón Bolívar Youth Orchestra, dat speelde onder leiding van Gustavo Dudamel. Ik las hoe dit orkest ontstaan was en raakte in de ban van het project waaruit deze musici zijn voortgekomen. El Sistema, dertig jaar geleden opgericht om kinderen in de door drugsbendes belaagde sloppenwijken van Caracas in aanraking te brengen met muziek. In al die jaren is het aantal jonge muzikanten uitgegroeid tot een kwart miljoen en het sneeuwbaleffect neemt toe. Dat alles wordt voor negentig procent door de staat gesubsidieerd.

En dit orkest werd hierheen gehaald op een ogenblik dat de cultuur bij ons in een verdomhoek was gedrukt! Wat een gebaar, wat een vreugde!

Ik heb meteen een cd aangeschaft en al menigmaal beluisterd. *Fiesta.* Nu zet ik hem op en kies er één stuk uit, 'Danzon No. 2' van Arturo Marquez. En dan doe ik wat ik niet kan laten. Eerst wat stappen, langzaam stappen, sneller stappen, een beetje veren en zwaaien, vooral zwaaien met mijn armen, het gaat allemaal vanzelf. Ik maak het zo gek als ik wil. En dan te weten dat het kinderen zijn uit Caracas, die hier al hun levensvreugde in hebben gestopt.

Ik stap en ik zwaai en ik wieg erop los, tot mijn rechterknie me een halt toeroept.

Schrik

Opeens is de schrik er weer. Er zit een plekje op mijn borst dat niet deugt. Ik smeer er zalfjes en crèmes op, de smeersels wisselen elkaar af, maar de plek wil niet weg. Zal die borst er nu toch helemaal af moeten? Dat is op zich iets waar ik zelf al voor gekozen had, maar ik liet de doktoren beslissen en doen wat zij nodig en wenselijk achtten. En zo ging er alleen een hap uit. De rest mocht blijven zitten. Maar nu die rest zo flink aan het herstellen is, ben ik meer aan dat borstje gehecht geraakt dan ooit tevoren. Dit relikwie gaan we niet zomaar afstaan. Alleen als het moet. Als zij het zeggen.

Het ergste is trouwens weer die molen in te moeten, weer van uitslag naar uitslag. Weer je voorbereiden op elke denkbare afloop, en je daar dan al bij voorbaat mee verzoenen.

Maar dat had je toch al gedaan, je verzoend met wat voor afloop ook? Je had de dood toch al een ruime plaats toebedeeld?

Ja, dat had ik. Maar nu het leven weer is gaan lachen, heeft het zich breeduit geïnstalleerd en doet het er alles aan de dood weg te bonjouren.

Hoe bereid je je dan voor op het controlebezoek van volgende week bij de radiotherapeut?

Kom je bij hem aan met: 'Lieve dokter, zeg dat het niks is, dat plekje, ik wil niet weer, ik wil nu gewoon doorleven.'

'Mevrouw, dat willen we allemaal,' zegt de dokter dan.

'Maar wat denkt u dan van die plek?'

'Ja, die zullen we nader moeten onderzoeken. We halen een stukje weefsel weg, maar beginnen met mammografie. Maakt u straks maar een afspraak bij de assistente. Als de uitslag er is kunnen we kijken wat er gedaan moet worden.'

Dit is een doodnormaal, volkomen realistisch scenario. Daar is voor mij geen speld tussen te krijgen. Daar moet ik op voorbereid zijn.

Gewoon de knop even terugdraaien naar de stand van toen, zo'n driekwart jaar geleden, tegen Kerstmis, toen ik de dood ten slotte zonder te knipperen onder ogen kon zien.

Eng

Over een paar dagen is het zover. Moet ik dat verdachte plekje aan de dokter laten zien. Tegen een vriendin die toevallig belt zeg ik dat ik erg opzie tegen het bezoek, dat ik het eng vind. Dat ik bang ben.

Zij is niet onder de indruk. Bang is ze haar hele leven al. Als klein kind in de oorlog was ze als de dood voor alle enge ziektes die de mensen toen kregen. Vreemde verwondingen die je de schrik op het lijf joegen. En dan de waarschuwingen. Als je gaat krabben aan een wondje boven je lip, dan ga je eraan.

Ze is er nog, gezond en wel, ze schrijft het ene boek na het andere, ze heeft niet aan een wondje boven haar lip gekrabd.

Ik herken haar verhaal. Bij ons heette dat een puistje, een puistje in de hoek onder je neusvleugel. Als je daarin ging knijpen, kreeg je bloedvergiftiging en was je binnen de kortste keren dood.

Maar wanneer je dan op die plek een puistje ontdekte, gingen je handen jeuken. Een puistje vlak tegen je neusvleugel aan, het begon al te rijpen, het zag er zo lelijk uit en je had die avond een schoolfeestje, en je was niet meer te houden, kneep erin, kneep het uit. Een rode plek bleef achter, nog behoorlijk ontsierend, maar niet meer dat enge, vieze. Je bedekte de plek met talkpoeder en ging naar je feestje.

Na afloop, voor het slapengaan, kwam de paniek. Wat in

godsnaam heb ik mezelf aangedaan? Was dit het waard? Je leven wagen voor een feestje? Je bent gek. Dit doe je nooit meer. Nou ja, de kans is groot dat je morgen niet meer wakker wordt.

De volgende morgen werd je gewoon wakker in je bed. Heb jij even geboft, zei je tegen jezelf. Je bent er mooi doorheen geluisd. Dat was eens maar nooit weer. Jij hebt je les gehad. Jij bent voorgoed genezen.

Maar het mocht niet baten. Een tijdje later begon het hele proces weer van voren af aan.

Angst en paniek konden niet op tegen de drang om dat nare bobbeltje uit te knijpen.

Daarover praatte ik met mijn vriendin aan de telefoon. Maar we dwaalden natuurlijk wel af van de angst waar ik nu mee zit. Die heb ik niet zelf ontketend. Ik heb alleen maar iets ontdekt waar mijn vingers geen vat op zouden kunnen krijgen. Zelfs niet voor het ogenblik. En ik probeerde haar terug te lokken naar het verdachte plekje.

Zij haalde de woorden aan van een bevriende arts:

'Iedereen kan elk ogenblik een beroerte krijgen.'

En toen ik niet meteen antwoordde:

'Hoor je me goed? Iederéén.'

Meesterwerk

Zo, nu ga ik de komende dagen overbruggen met een meesterwerk uit mijn boekenkast. Er staan er nogal wat die me steeds vaker laten weten dat de tijd begint te dringen. Lijvige geschriften, wereldliteratuur, *De toverberg* van Thomas Mann, James Joyce, *Ulysses*, Franz Kafka, *Verzameld werk*. Maar ook *Het verdriet van België* – alleen het eerste hoofdstuk gelezen – en *De ontdekking van de hemel* – ongeveer een kwart. Wie is er nu het eerst aan de beurt?

Ik weet het niet en pak de krant.

Daar lees ik een stukje over het net verschenen boek *Paniekspinnen* van Bibian Harmsen en stap naar de boekhandel. Een uur later ligt het op mijn tafel. Ik lees het met ratelend hart. Hier staat alles waar het voor mij om gaat. Maar niet alleen voor mij.

De schrijfster kreeg, net als ikzelf, op 4 november van het vorige jaar haar slechte nieuws te horen. Slechter nog dan het mijne. Alvleesklierkanker. Ze was veertig, moeder van drie kleine kinderen, en nu is ze dood. Gestorven op mijn verjaardag. Er was een oncoloog voor nodig om haar aan het schrijven te krijgen, schrijft haar man in het nawoord. Om het talent dat ze al die tijd liet sluimeren tot leven te wekken, tot heftige bloei te krijgen in deze allesoverhoophalende woorden. Uitgetild boven dit ene leven van deze ene vrouw, dit ene gezin van vijf.

Ik, bijna dubbel zo oud, met een leven dat je afgerond zou kunnen noemen, met drie kinderen die stevig zijn verankerd in hun eigen bestaan, die mij niet meer nodig hebben als binnenstaander, ik, die aan het afpellen ben, heb toch nog vlagen van diezelfde angst.

Haar zat de dood op de hielen. Bij mij heeft hij tot nu toe minder haast gehad. Ik denk aan mijn eigen angsten, vroeger, toen mijn kinderen klein waren. De paniek die bij elk wissewasje kon toeslaan. Omdat ik mezelf als onmisbaar beschouwde.

Nu denk ik aan haar kinderen. Als die later haar boek lezen, dan zullen ze er kracht uit putten. Een meer levende moeder dan zij hier heeft vereeuwigd bestaat er niet.

Deuk

De witte jas fladdert los om zijn lijf als de radiotherapeut me binnenlaat. Hij is mijn favoriete dokter, hij heeft van de winter wel een kwartier met mijn zoon zitten praten over de gezondheidszorg in Amerika. Ik had toen niet zo veel met hem te bespreken. Mijn arm was in goede handen bij de oedeemtherapeute en de bestralingen doorstond ik redelijk. De winter was eigenlijk zo gek nog niet. Alsof ik door bleef teren op reservekrachten, die in de zomer langzaam uitgeput raakten.

Al mijn kinderen met vakantie, de meeste vrienden het land uit, regen en wind, een lekkage in mijn keuken, steken in mijn borst, vermoeidheidsaanvallen, dagen in bed met koorts, wakkere nachten vol flitsende beelden, malaise alom. Zo verliep een flink deel van de zomer.

Ik verschoon de dokter van deze informatie, begrijp zelf ook wel dat die bestralingen naast opbouwend ook ondermijnend werk hebben gedaan, en ik leg de nadruk op mijn labiliteit, gefixeerd als ik ben op rare pijntjes of vreemde plekjes. Nu is er weer iets aan de tepel dat ik niet vertrouw.

'Laat meteen maar zien,' zegt hij en hij constateert dat het een gevolg is van de bestraling. 'Als het geen pijn doet en niet erger wordt kan het geen kwaad.'

Ik lig daar op die harde bank en ontspan. Ik ruik zweet. Voor het eerst weer zweet. Na de operatie mocht ik een tijd lang geen deodorant gebruiken en dat is zo gebleven. Zweten deed ik toch niet meer.

'Sorry dokter,' zeg ik, 'ik geloof dat ik weer aan de deodorant moet.'

'Ik heb een slecht reukorgaan,' antwoordt de dokter. En dan, als we weer aan zijn tafel zitten: 'U moet het zo zien. U hebt een deuk in uw ziel en die blijft, daar moet u mee leren leven. En vergeet niet dat al die processen energie vreten. Over drie maanden krijgt u weer een controle bij de chirurg. Van hem hoort u de uitslag van de mammografie die u een week tevoren laat maken.'

'Ook van die geopereerde borst?'

'Jazeker, dat doen we al jaren zo.'

'Maar dokter, dat wordt een marteling.'

'Het zal flinke pijn doen. Maar u komt erdoorheen.'

'En moet ik dan weer zo lang wachten op de uitslag?'

'Als we dubbel zo veel personeel hadden, zou het sneller gaan,' zegt de dokter.

'Misschien dat de nieuwe regering...' opper ik.

'Dan moet u wel voor de formatie zorgen,' zegt de dokter met een aanstekelijke lach. 'Ik zie u over een jaar terug.'

'Over een jaar pas?' zeg ik. 'En u bent nou juist de enige dokter die tijd neemt om te praten.'

'Wij krijgen meer tijd voor een gesprek met onze patiënten dan de snijers.'

'De wat?'

'De chirurgen.'

'Noemen jullie die zo, "snijers"?'

'Ja, zij hebben hun messen en vinden de meeste woorden overbodig.'

'Nou, ik niet,' zeg ik.
'Tot over een jaar,' herhaalt de dokter.

Levenstekens

Naast het regelmatige contact met mijn allernaasten, die zich zorgvuldig op de hoogte houden van mijn wel en wee, begin ik iets te missen. Het zijn de levenstekens van vrienden en bekenden die zo'n driekwart jaar geleden intens betrokken waren bij mijn weinig benijdenswaardige toestand. En die waarschijnlijk denken dat alles nu wel over is. Geen bericht is goed bericht. Een logische gedachte. Maar toch.

'Het is alweer een verfoeid lange tijd geleden dat ik iets van me liet horen. Hoe is het nu met je?' schreef laatst een goede vriend en collega. Verfoeid lang geleden, hij moest eens weten hoe uniek hij was en hoe goed die ene simpele vraag me deed. Dat woordje 'nú'.

Een andere vriend, die onlangs naar Californië is verhuisd, belde vorige week en zei dat hij erg geschrokken was. Hij had nu pas gehoord wat er met mij aan de hand was. 'Wat ellendig, Riet.' Hij was behoorlijk overstuur. 'Hoe is het nu met je?'

'Daar kan ik eigenlijk geen antwoord op geven,' zei ik. 'Ik moet morgen op controle. Er lijkt iets niet helemaal in de haak. Maar de dokter zal me dan wel vertellen hoe het verder moet, voorlopig. Nu weet ik nog niks. Morgen wel.'

We zijn inmiddels een week verder. Hij heeft niet meer gebeld.

Vlak voor dat doktersbezoek ontmoette ik in het bos een

collega-kinderboekenschrijfster. We maakten een praatje terwijl de witte dwergpoedeltjes om ons heen huppelden. Informeerden naar elkaars wel en wee. Ik vertelde dat ik in onzekerheid verkeerde over mijn eigen toestand. Morgen naar de radiotherapeut.

De dag na de controle belde mijn collega.

'Ik kon het niet laten, maar we hebben het aldoor over je. We willen zo graag weten wat de dokter zei.'

'Het was een beschadiging als gevolg van de radiotherapie. Niet gevaarlijk, wel in de gaten houden,' zei ik. 'En wat aardig van je om te bellen.'

Blik

Er is iets wonderlijks dat ik af en toe mis. Iets waarover ik me bijna schaam. Sinds ik tussen de controles een vrij mens ben en van de radiotherapeut zelfs al een jaar heb gekregen, kan ik zo nu en dan terugverlangen naar de periode waarin de ziekte centraal stond in mijn leven. Ik leerde de weg in het ziekenhuis kennen. Het werd een onderkomen. Ik was er in handen van mensen die zich bekommerden om mijn gezondheid. Zelfs de bestralingsperiode gaf structuur aan mijn leven. Iemand haalde me op en bracht me weer naar huis. Het enige wat ik zelf hoefde te doen was op mijn schema kijken hoe laat ik moest aantreden.

Na de laatste bestraling zei de laborant tegen me: 'Ik hoop dat ik u nooit meer terugzie.'

O ja, dacht ik toen, dat is waar, daar draait het allemaal om, het doel van dit alles is die mensen hier nooit meer terug te hoeven zien en zelf van nu af mijn gewone leven weer op te pakken.

Dat het gewone leven niet zo gewoon meer zou zijn, besefte ik algauw. Maar dat er ogenblikken zouden komen waarop ik met een vreemd gevoel van heimwee terug kon kijken naar die maanden van prikken en snijden, van krappe kokers en harde banken, van behandelaars met meer of minder haast, was wel het laatste dat ik me voor kon stellen.

Toch kan het gebeuren dat ik weer een glimp zou willen

zien van zo'n dokter die even tijd voor me nam, dat ik terugverlang naar het berkenbos op de wand van de bestralingsruimte, binnen zou willen vallen bij de Mammacare, de
vrouwen met hun engelengeduld. Misschien is het vooral
dat laatste waarnaar ik terugverlang.

Als ik nu door de ziekenhuisgangen loop voor een bloed-
proef, betrap ik me erop dat ik om me heen kijk of ik er een
van die oude bekenden tegenkom, terwijl ik bij voorbaat
weet dat de kans klein is dat zo iemand mij zal herkennen.
Ik voel me hier eigenlijk net zoals de kinderen op basis-
scholen die ik als schrijver zo vaak heb bezocht. Van de ene
klas naar de andere, vertellen over je werk, vragen beant-
woorden over je boeken. Al die kindervingers die de lucht
in gingen. Stuk voor stuk kwamen ze aan bod. Iedereen
kreeg aandacht. Maar hoe vaak gebeurde het niet dat ik tussen de middag, tijdens een wandeling door de straten in de
buurt van de school, door een meisje of jongen gegroet werd
met een blik van 'wij hebben iets met elkaar', en het kind in
kwestie niet herkende. Toch leerde ik teruggroeten met een
blik van verstandhouding. Een kinderhand is gauw gevuld.
Zo'n blik van een van mijn behandelaars, daar verlang ik
naar.

Telepathie

Na een bezoek aan mijn oudste dochter, die met haar gezin terug is uit Zweden, stap ik uit de trein. Omdat het giet van de regen en ik me moe voel hoef ik niet op de bus te wachten, maar mag ik mezelf in het donker op een taxi naar mijn dorp trakteren.

Ik loop naar de voorste in de rij en herken de chauffeur. Een opvallende zware man in het zwart met om zijn nek een zilverglanzende ketting, waaraan een kruis hangt.

Die heeft mij eerder naar huis gereden, schiet er door mijn hoofd, ruim driekwart jaar geleden, maar toen vanuit het ziekenhuis, waar ik net dat schokkende nieuws had gekregen. Met de opdracht erbij onmiddellijk mijn kinderen te bellen en ervoor te zorgen dat ik het hele weekend gezelschap had. Ik mocht niet meer alleen zijn.

Half verdoofd nam ik toen plaats in de taxi. De chauffeur begon te praten over zijn veelbewogen leven, zijn sterke geloof, zijn belangstelling voor de homeopathie, over zijn boeiende baan achter het stuur, de uiteenlopende gesprekken, zijn steeds groeiende mensenkennis. Ik zegende zijn welbespraaktheid, hoefde geen steentje bij te dragen.

En nu zit ik weer bij diezelfde man in de auto en word overvallen door dat gevoel van ontreddering, toen hij mijn loodzwaar zwijgen met zijn verhalen vulde.

Ook deze keer is hij het die de stilte verbreekt. Vanuit het niets vertelt hij me dat hij een gezegend mens is omdat hij zijn vrouw nog levend bij zich heeft. Dat ze borstkanker heeft gehad, maar genezen is. Er zat een flinke tumor in haar borst en de chirurg wou amputeren. Maar toen hij vroeg of dat amputeren strikt noodzakelijk was, kreeg hij alleen het antwoord: 'Wilt u uw vrouw dood?'

Zij zat erbij te snikken en hij belandde in zo'n heftige woordenwisseling met die chirurg dat hij besloot zijn heil elders te zoeken. Zijn vrouw kreeg een borstsparende operatie in het Antoni van Leeuwenhoek-ziekenhuis. En de nodige behandelingen. Ze genas.

'Hoe lang is dat geleden?' vraag ik.

'Tien jaar,' zegt de taxichauffeur.

Dan vertel ik hem dat ik al eerder bij hem in de auto heb gezeten, een maand of tien geleden, net nadat bij mij dezelfde diagnose was gesteld.

'Dat kan, want ik rij vaak voor het ziekenhuis,' zegt hij.

'Ik heb daar bij de chirurg van mijn keuze een borstsparende operatie ondergaan,' vertel ik hem.

De chauffeur kijkt even naar rechts en constateert:

'U bent er goed doorheen gekomen.'

'Toen ik het hoorde zei ik dat ze maar moesten amputeren. Weg met alle ellende, geen risico's nemen. Een borst meer of minder, het was me om het even. Maar nu ben ik wel blij dat hij er nog zit.'

De taxichauffeur knikt nadrukkelijk instemmend.

'Ik heb op het ogenblik vooral last van mijn linkerarm,' zeg ik.

'Dat komt door de weersomslag,' zegt hij. 'Die plotselinge vochtigheid. Daar heeft mijn vrouw ook nog steeds mee te maken.'

'Na tien jaar nog?'

'Alles went,' zegt mijn buurman.

Ik geloof hem klakkeloos en zeg:

'Wat een ontmoeting. Wat een bijzonder gesprek.'

Hij is niet verbaasd. Telepathie is bij hem aan de orde van de dag.

Spinrag

In mijn tuin wemelt het van de oregano, volgens mijn dokter van geest en lichaam een puik antikankermiddel. Hij wil het geen toeval noemen dat dit kruid zich vrijwillig bij mij aandient. Er is zo veel tussen hemel en aarde waar wij geen weet van hebben.

Ik loop naar buiten om er wat van te plukken voor in de thee, maar beland vlak voor de deuropening met mijn hoofd in een spinnenweb, sta daar met een mond vol spinrag. Ik probeer het uit te spugen, maar dat lukt me niet helemaal. Terwijl ik de restjes maar doorslik vraag ik me af wat er in spinrag voor heilzame stoffen kunnen zitten. Mensen die plotseling op onverklaarbare wijze genezen, wat hebben zij bij toeval binnengekregen? We weten het niet. Maar het is zaak alert te blijven. Gewoon, net als de dieren. De koeien die in kringetjes om de boterbloemen sjokken. De vogels die de besjes van de taxis mijden als de pest, maar de aardbeien voor je neus wegkapen. Een ree die tijdens het grazen telkens even zijn kop opsteekt, zijn neusvleugels snuivend laat trillen en zijn oren luisterend spitst.

Dieren weten hun instinct nog op cruciale ogenblikken in te zetten. Zoals die keer toen de tsunami eraan kwam. Zij roken onraad en vluchtten bijtijds het achterland in.

Zij weten nog wanneer het menens is.

Een hapje spinrag, wat zou dat kunnen doen?

Was ik een dier, dan wist ik het.

Ingedikt

Er hangt een donkergrijze pannenkoek boven de polder, zo'n dikke waarvan het beslag maar niet uit wilde vloeien tot het de ronde rand van de pan raakte. Eromheen loopt een grillig gevormde smalle strook blauw, die achter de duinen in de verte hel verlicht wordt door de ochtendzon. Is dit hetzelfde landschap als dat van laatst met die geheimzinnige nevels? Elke morgen is het nieuw. Je kunt je hier laven aan kleine verschillen. Morandi schilderde zijn leven lang dezelfde vazen en potten. Maar wel elke keer vanuit een net iets ander perspectief.

Op de terugweg loop ik langs mijn eigen oude donkergrijze polo, die ik vorig jaar aan mijn buurvrouw heb verkocht. De deuk in het achterspatbord zit er nog. Hij doet daar geen kwaad, ze heeft er geen last van. Hij mag blijven. De auto was er wel iets minder waard door geworden bij de verkoop. Minder gaaf, minder waard, dat is logisch.

Ik ben ook minder gaaf nu, met die deuk in mijn ziel. Minder waard ook?

Stomme vraag. Mijn leven is gewoon wat ingedikt. Het loopt niet meer uit tot aan de rand van de pan.

Dilemma

Mijn dokter van geest en lichaam zegt dat ik de mammografie dit jaar moet weigeren. Tenzij ze in het ziekenhuis beschikken over het nieuwe veel minder belastende driedimensionale digitale alternatief. Dat pletten van borsten is tegen de natuur. Het kan gevaarlijk zijn. Wie weet wat zich aan het ontwikkelen is in dat tere weefsel, wat er allemaal kapotgedrukt wordt zodat er gevaarlijke cellen vrijkomen.

Gek genoeg was dit mijn eerste reactie toen de radioloog vandaag precies een jaar geleden zijn biopt nam uit de tumor. Wat kon daar niet allemaal uit voortvloeien? Ik moest moeite doen om de paniek te onderdrukken.

En nu weer een verwant probleem. Het litteken is nog uiterst gevoelig. Mag het nu niet rustig verder genezen? Het was toch schoon daar in dat gebied? Die bestralingen kwamen er toch achteraan voor alle zekerheid, voor het geval dat zich nog ergens in een hoekje een boosdoener had verstopt?

Maar de specialisten zijn natuurlijk niet gek. Ze wegen heus de voor- en nadelen af. Er kan zich ondanks alles weer iets aan het ontwikkelen zijn dat acuut verwijderd moet. En hoeveel vrouwen zijn hier niet goed doorheen gekomen, hebben wellicht hun leven te danken aan een tijdige vervolgingreep?

Weer een dilemma dus, door mijzelf opgeworpen omdat

ik 'de andere dokter' erbij gehaald heb. Ook hij is niet gek, hij heeft het reguliere circuit verlaten omdat de behandelingen daar zo vaak niet aansloegen, onvolledig bleken of op termijn kwaadaardige gevolgen hadden. Hij is de troost en steun van uitbehandelde patiënten en boekt niet zelden verbluffende resultaten met zijn natuurlijke aanpak. Mens sana in corpore sano.

Ik ben uiteraard in eerste instantie aangewezen op de reguliere artsen in het ziekenhuis. Operaties, bestralingen, daar onderwerp je je aan, dat spreekt vanzelf. Maar als je je slap en moe blijft voelen en je lijf en geest om aandacht schreeuwen, dan zoek je iemand op die meer doet dan symptomen bestrijden. Iemand die je eigen weerstand voedt. Je eigen weerbaarheid. Dat is toch logisch?

Mijn hersens draaien rondjes en ik bel de Mammacare.

'Ik raad u aan de foto's wel te laten maken,' zegt de verpleegkundige die ik spreek. 'Als dat nu niet gebeurt, dan is het volgend jaar moeilijker eventuele veranderingen te kunnen ontdekken. De eerste twee jaren na de operatie zijn het belangrijkst. En u kunt gerust van tevoren een paar paracetamolletjes nemen. Dat doen heel veel vrouwen.'

'Het gaat me niet om de pijn,' zeg ik tegen haar, 'maar om de beschadiging van het weefsel.'

'Daar hoeft u echt niet bang voor te zijn. De doktoren hebben al zo vaak met dit bijltje gehakt. En het zijn geen beulen.'

Zij overtuigt me.

Klieren

Het wordt tijd mijn jeugdvriendin in Zweden eens te raadplegen. Ik vraag haar aan de telefoon hoe het zit met de mammografie bij haar in de stad. Ze woont in Falun, waar een hypermodern ziekenhuis staat en heeft er pasgeleden borstfoto's laten maken. Alles oké.

'Wordt er bij jullie nog steeds geplet?'

'Nee, ze hebben nu iets nieuws. Digitale mammografie noemen ze het. Driedimensionaal. Je borst gaat in een doorzichtige stolp en klaar ben je. Geen centje pijn.'

'Zo, dat is een interessante mededeling,' zeg ik en ik vraag haar hoe zo'n borstsparende operatie in Zweden eigenlijk toegaat.

Ze heeft het godzijdank niet aan den lijve ervaren maar polst een goede kennis.

Helemaal tot in details heeft ze het niet uitgezocht als ik haar weer bel, maar het komt erop neer dat alle ingrepen tijdens één operatie plaatsvinden. Eerst halen ze de poortwachtersklier weg en die gaat meteen naar het lab voor onderzoek terwijl de dokter de borst amputeert of er een 'taartpunt' uit haalt. Als de klier schoon blijkt te zijn is daarmee de kous af. In het geval dat hij besmet is, halen ze nog een paar volgende klieren weg. Alles tijdens diezelfde operatie. Meestal zijn de volgende klieren schoon en kunnen ze de rest laten zitten. En in het ergste geval wordt alles eruit gehaald.

Ik ben met stomheid geslagen. Dit klinkt zo vanzelfsprekend dat ik het zelf had kunnen bedenken.

'Ben je er nog?' vraagt ze.

'Ja, en ik vraag me af in wat voor achterlijk land ik leef. Ik dacht dat de doktoren hier het beste met je voor hadden, maar ze scheren de hele kudde gewoon over één kam en halen meteen maar de hele mikmak weg. Goed voor de statistieken, want dood ga je niet aan de verminkingen waarmee ze je onnodig opschepen.'

'Wat is dit voor spookverhaal?' roept ze uit.

'Als ik bij jou in de stad had gewoond, had ik bijna al mijn klieren kunnen behouden! Ik had nu nog lange vliegtochten mogen maken, zelfs naar de tropen, ik had mogen tillen, mogen wroeten in de tuin zonder handschoenen, ik had niet doodsbenauwd hoeven zijn voor wondjes, muggenbeten, ik had niet in elke jaszak ontsmettende middelen en pleisters moeten hebben, ik had niet elke dag een serie oefeningen hoeven doen om die arm slank en mobiel te houden. Ik had, ik had...'

'Ja, het klinkt nogal voorwereldlijk, zoals het bij jullie toegaat,' zegt mijn vriendin.

'Zullen we nu maar over iets anders praten?' stel ik voor.

We maken plannen. Ze wil dat ik haar volgend jaar weer kom opzoeken. Ik wil het ook, ik wil niets liever. En ik besluit volgend jaar die arm de arm te laten en gewoon weer in het vliegtuig te stappen. Zo'n korte vlucht naar Stockholm, dat moet toch haalbaar zijn. Als generale voor die andere vliegtocht, mijn wensdroom, mijn grote reis naar New Orleans!

En mochten zich tekenen van oedeem openbaren, dan ren

ik bij haar in Falun meteen naar dat ziekenhuis, waar ze vast al iets hebben ontdekt waarmee de zwelling in een ommezien weggetoverd kan worden.

Kruisspin

Al wekenlang heb ik tijdens de afwas gezelschap van een kruisspin. Met het witgevlekte kruis op zijn rug hangt hij roerloos in een reusachtig web, vlak voor het keukenraam. Toonbeeld van geduld. Twee keer in meer dan een maand heeft hij in zijn weefsel een vlieg gevangen en ingesponnen in zijn kleverige draad. Na een dag of wat was het pakketje weg. Verorberd, vermoed ik. Het web was weer netjes opgelapt en de spin hing weer bewegingloos in zijn centrum. Alleen als er wind stond schommelde hij wat. Dat zag er heerlijk uit en ik hoopte maar dat de spin dat ook zo voelde. Maar toen de najaarswinden kwamen en het schommelen veranderde in zwiepen, hield ik mijn hart vast. Elke morgen was ik verbaasd en verheugd hem nog steeds onverstoorbaar op zijn post te zien hangen.

Vannacht stond er een storm van heb ik jou daar en vanmorgen was het web aan flarden en de bewoner verdwenen. Ik liep naar buiten om hem te zoeken en ik vond hem. Een stukje verderop, daar waar de muur van het buurhuis een hoek vormt met mijn aangebouwde schuur, daar zag ik hem weer met dat witte kruis op zijn bolle rug, druk aan het weven.

Wat een slimmerd, dacht ik, in deze hoek kan de wind hem niet te pakken krijgen.

Kort daarna zat hij weer stil in het midden van zijn web.

Alsof die verhuizing niets om het lijf had gehad.

'Had ik een hoed, ik nam hem af', schreef eens een recensent over een kinderboek dat naderhand de wereld zou veroveren.

Deze spin zal de wereld niet veroveren, maar als ik een hoed had, nam ik hem af.

Woorden

Een bevriende kinderboekenschrijfster in Stockholm vertelt me door de telefoon dat haar dochter van nog geen veertig kanker heeft. Borstkanker. Chemo. Wanhoop. Een meisje nog.

Ik zit mee te trillen aan de andere kant van de lijn.

Ze huilt niet. Ik huil ook niet. Ik zoek naar woorden.

Daar komen ze.

'Dit is het ergste. Zo'n jong kind nog. Hierbij zakt al het andere in het niet.'

Ik zeg niet: 'Dat van mij is peanuts hierbij vergeleken', want ik wil niet over mezelf praten. Ik wil me niet vergelijken met een meisje van veertig. Ik zeg wel dat er maar één ding mogelijk is. In het nu leven, je onderwerpen aan de behandelingen, maar wel mee blijven denken. En vragen. Vragen.

Alsof zij en haar dochter dit niet allemaal weten.

Dan zeg ik iets over een trainingsprogramma tijdens de chemo of na de bestraling. Dat mensen daar zo'n baat bij hebben. Ze slepen zich naar de sportschool en komen er altijd fitter uit dan ze erin gaan.

Ze reageert met afschuw. Dat haar dochter dat ook nog allemaal mee moet maken. In zo'n fitnesscentrum.

Ik zeg: 'Sorry, ik weet het ook niet. Ik weet niet wat ze bij jullie in Zweden allemaal te bieden hebben. Vast meer dan hier. Ik noem maar een voorbeeld.'

Ik word onzeker, zenuwachtig, en begin letterlijk te citeren wat mensen tegen mij zeiden. Er kan zo veel tegenwoordig, er worden telkens weer nieuwe ontdekkingen gedaan, er komen nieuwe behandelingen, die minder belastend zijn. Ik ken iemand...' En dan stop ik. O nee, nu ophouden, nu niet die verhalen waar ik zelf allergisch voor was.

De dochter van een vriendin is de dochter van een vriendin. Een vriendin in Zweden bovendien, die mij in vertrouwen neemt. Ik voel met haar mee. Maar waarom al die woorden?

Omdat het anders wel een erg kort gesprek zou worden? Machteloosheid is zo frustrerend. Dat je niks voor iemand kunt doen. Alleen een luisterend oor bieden, je inleven, mee lijden. Daar heb ik zelf het meeste aan gehad. En niet alleen toen, ook nu nog. Een luisterend oor, een levensteken.

Dan zeg ik uit de grond van mijn hart: 'Er is in al deze ellende één ding waar je blij om kunt zijn: dat jullie in Zweden wonen.'

Herfstvakantie

Het is alweer herfstvakantie. Een jaar geleden liep ik door Florence met mijn oudste kleindochter. Nu komt ze naar me toe met haar rugzak, blijft een nachtje slapen. Ze is gegroeid. We zijn bijna even lang. Mijn leven heeft zich dit jaar naar binnen gekeerd, het hare vooral naar buiten. Maar school staat centraal, de enorme hoeveelheid leerstof, de vele vakken, de vele toetsen. De parascholaire activiteiten. Ik kan de ontwikkelingen niet meer bijbenen met mijn krimpend brein. Niets begrijp ik van de vele sociale media waaraan de jeugd van tegenwoordig is uitgeleverd. De vanzelfsprekendheid waarmee ze hun apparaten hanteren.

We kijken 's avonds naar *Boer zoekt vrouw* en lopen de volgende morgen het stemmige najaarsbos in. Ze heeft een tweedehands iPhone bij zich met een indrukwekkende hoeveelheid toepassingen.

Op het pad met de scheve bomen zie ik dat ze haar telefoontje af en toe uit haar zak haalt en het een seconde omhoog of omlaag houdt. Eén keer doet ze een paar stappen naar een boomstam en houdt het er vlak voor. Wat later hurkt ze bij een stronk. Maar ons gesprek wordt er niet door beïnvloed, we gaan er niet eens langzamer door lopen. Ja, toch. Na een tijdje stopt ze even bij wat dwarrelende blaadjes. Ze volgt er een met haar apparaatje en legt het vast in zijn vlucht. Dan pas dringt tot me door dat ze de hele tijd al foto's aan het maken is.

Het bospad eindigt bij een oud café, waar we vroeger wel eens poffertjes aten.

'Zullen we weer?' stel ik voor.

Als de serveerster onze bestelling komt opnemen kiezen we allebei een kleine salade met wat brood. We krijgen elk een bakje rauwkost en een paar schijfjes massief stokbrood. We prikken in ons slaatje en kijken elkaar veelbetekenend aan. Zien in elkaars blik de overheerlijke pizzapunten van een jaar geleden.

Dan vraag ik haar wat ze nou eigenlijk heeft vastgelegd met dat telefoontje. Ze laat me een fotoreportage zien waar mijn mond van openvalt. Uitsneden van bomen, takken, hun patronen afgetekend tegen de lucht, bekermos op een stronk, een stuk schors van een spar. Een dwarrelend blad. Kunstwerkjes.

'En dat deed je allemaal terwijl wij honderduit aan het praten waren. We zijn amper gestopt.'

'Alleen even voor dat blaadje,' zegt ze.

Dan zie ik dat ze de sjaal om heeft die ze in Florence heeft gekocht.

'Hij staat je mooi,' zeg ik en ik denk aan wat de jongen aan de balie van ons hotel vorig jaar bij het afscheid zei: 'Tot over vier jaar.'

Het zijn er inmiddels drie.

Duizelingen

Zomaar uit het niets kwam er een aanval van duizelingen. Ingewanden binnenstebuiten gekeerd, malaise alom, dokter aan mijn bed. 'Zoiets komt voor,' zegt ze. 'Nu niet meteen aan enge dingen denken.'

'Dus het is geen hersentumor?'

'Die kans is klein. Gewoon een paar dagen rust houden, maar ook weer wat bewegen.'

Ik lig plat op mijn rug en voel hoe de rust begint weer te keren, richt mijn blik naar buiten, op de bomen. De linker eik is bruin, de rechter nog donkergroen. Daartussen staan lindebomen, die al veel van hun blad hebben verloren. Zachtgeel zijn de bladeren die nog over zijn en als weerloze lapjes aan de takken bungelen. Voor de groene eik staat, veel lager, een roestbruine kastanje.

Over een paar weken zullen al die bomen weer kaal zijn, dan is het jaar rond, het eerste jaar.

Ik denk aan de zwerm zwarte vogels die met veel misbaar opvloog uit de kale takken, vlak na mijn operatie. Ik zag het als een teken, het is je tijd nog niet.

Voorzichtig ga ik zitten. De wereld tolt om me heen, heel even maar, dan komt hij tot rust. Het is mijn tijd nog niet.

Linkerhand

De tuinstoelen hebben kussens van lichtbruin eikenblad. De tafel heeft een bladerkleed. In het bos is het een gedwarrel van jewelste. Ik ben herstellende, loop er een wankel rondje. Zoek steun in het geknisper onder mijn voeten. Af en toe raakt een omlaagdwarrelend bruin beukenblad mijn wang. Op straat rolt er een als een hoepeltje. De kastanjebladeren liggen na de regen geplet op straat, alsof er een stoomwals overheen is gegaan en ze nu voor eeuwig het asfalt in gedrongen zijn. Langzaam loop ik naar huis en denk aan schrijver-dichter Bernlef, die gisteren is gestorven. Henk Bernlef, een van de meest vitale mannen die ik ken. Jonger dan ik, vol scheppingsdrang. Een nieuw boek in wording. Zo'n man die met dat doorgroefde gezicht steeds meer deed denken aan een knoestige eik, zo diep geworteld in de aarde dat de dood geen vat op hem zou krijgen. En dan toch. Hij en ik deelden onze liefde voor de Zweedse taal en literatuur, we hadden beiden het voorrecht om naast het schrijven af en toe een tekst te mogen vertalen, waar we niet omheen konden. Hij kon niet om de poëzie van Tomas Tranströmer heen. Ze werden vrienden. Bleven vrienden, ook toen Tranströmer een jaar of twintig geleden na een beroerte getroffen werd door afasie. Zijn rechterarm hing erbij. Hij kon niet meer pianospelen. Henk stuurde hem bladmuziek voor de linkerhand.

Muziek van Willem Pijper, gis ik, een componist die door Tranströmer bewonderd werd.

Toen Tomas dit door zijn vriend Henk zo zorgvuldig voor hem uitgekozen stuk te zien kreeg, zei hij, zo hoorde ik van een Zweedse collega: 'Henk är så snäll.' Henk is zo aardig. Dit was en bleef de enige zin die hij sinds zijn herseninfarct heeft uitgesproken.

Hij is nu tachtig. Ik denk dat hij vandaag met zijn linkerhand muziek van Willem Pijper speelt.

Nachtmerrie

Het hele jaar heb ik me verheugd op het najaarsconcert van ons koor, dit keer in het Amsterdamse Concertgebouw. *Ein Deutsches Requiem* van Brahms, hemelse muziek, die ik me zo eigen heb gemaakt dat ik bijna overwoog de partituur thuis te laten. Opgaan in een groot geheel, op dat podium van de mooiste zaal ter wereld, tot op de laatste stoel gevuld. Dat was wat het leven dit jaar nog van me wilde.

Gisteren zongen we de generale samen met twee andere koren in een Noord-Hollandse sporthal. Bij de eerste maten voelde ik me zoals op mijn tiende toen ik voor het eerst met alle kinderen van school na de bevrijding het Wilhelmus mocht zingen. We zongen het uit volle borst voor onze burgemeester, die de hele oorlog ondergedoken had gezeten en nu weer op de trap van het gemeentehuis stond te stralen. Die tinteling van toen. Maar dit keer hield de tinteling aan, het werd een prikkeling, een duizeling. Ik moest gaan zitten, het zweet brak me uit. Maar ik bleef meezingen, heel zachtjes. Tot ook dat niet meer lukte en ik alleen nog kon hopen dat het hierbij zou blijven.

Ik probeerde rustig door te ademen. Dit was alleen nog maar de generale. Maar het was wel een omen. Ik mocht niet mee naar het Concertgebouw. De gedachte alleen al dat de nachtmerrie van onze dirigent bewaarheid zou worden: een koorlid dat tijdens het concert op het podium van die zaal in elkaar zakt en afgevoerd moet worden.

'*Wie lieblich sind deine Wohnungen...*' tintelt het door me heen terwijl de anderen zingen in het Concertgebouw en ik thuis op de bank zit.

Pluimballetje

Een korte wandeling moet weer lukken. Bij de bosrand staan aan weerszijden van de weg een man en een vrouw, hij met een bruine herder aan de lijn, zij met een hagelwitte poolhond. Ze roepen elkaar van alles toe, hebben elk hun riem strak aangetrokken. Honden op scherp. Als ik voorbijloop vang ik een zinnetje van haar op: 'Wij voelden het al wel aan.' Ik ga langzamer lopen, maar versta niks van zijn antwoord. Ik stop, spits mijn oren. En dan onderscheid ik in haar woordenstroom: '... zoals hij het wilde. Maar dat was voor haar eigenlijk niet goed.' Het commentaar van de man schiet aan me voorbij, net als het hare dat nu volgt. Ze staan elk aan hun stoep genageld en vuren hun woorden op elkaar af. Als pluimballetjes vliegen de zinnen heen en weer, terwijl de honden aan hun strakgespannen lijnen staan te wachten tot ze elkaar in de haren kunnen vliegen.

Waar in godsnaam hebben ze het over, denk ik terwijl ik langzaam doorloop. Dit is geen appelepap, hier worden harde noten gekraakt.

'Wij voelden het al wel aan... Zoals hij het wilde... Maar dat was voor haar eigenlijk niet goed.' Die zinnen neem ik mee op weg terug naar huis. Hij wilde iets, zij wilde het niet, hij heeft zijn zin gekregen. Zij zit met de gebakken peren. En de man en de vrouw met de bruine en de witte hond hadden daar elk hun commentaar op. De vrouw trok partij voor haar, de man voor hem. Maar waar ging het dan om?

Als ik wat later thuiskom heb ik een ziekte- en sterfproces van een man op leeftijd meegemaakt. Ik ben getuige geweest van zijn crematie, 'zoals hij het wilde'. Een zegen voor hem, voor zijn vrouw 'eigenlijk niet goed', dubbel verdriet zelfs, omdat de as van haar man zal worden uitgestrooid en zij niet eens een graf krijgt voor haar tranen en haar bloemen.

Cremeren

Mijn vader wilde gecremeerd. Dat stond als een paal boven water. Tijdens de afscheidsbijeenkomst in een overvolle aula werd zijn lievelingsstuk van Sibelius gespeeld. *De zwaan van Tuonela* leek uit het diepst van zijn ziel te komen. Eén ogenblik aan het eind van de plechtigheid herinner ik me tot in de kleinste details. Het moment toen de kist, nu begeleid door *Kol Nidrei* van Max Bruch, langzaam begon te zakken. Hoe twee van de kleinkinderen in heftig snikken uitbarstten. Hoe alle bloemstukken die het deksel sierden zomaar mee naar beneden gingen. Hoe één roos die iets te ver uitstak weerstand bood tegen de rand van het gat, alsof hij zich verbeeldde dat hij de kracht had om mijn vader hier boven in ons midden te houden. Hoe die witte roos met zijn trillende bloemblaadjes het ten slotte moest opgeven en zonder pardon mee de diepte in getrokken werd. Hoe mijn hart op dat ogenblik tekeerging. Pappa, daar ga je, de oven in.

En ik denk aan de wanhoop van een ontroostbaar kleinzoontje. Omdat opa zijn as wou laten uitstrooien boven de zee en er nu nergens op aarde meer een plekje van hem zou zijn. Nergens meer een plekje om naartoe te gaan, een steen waarop je iets kon neerleggen, een bloem of een brief, een tekening. Een plekje alleen van opa, waar je altijd terecht zou kunnen.

Ik probeerde mijn neefje te troosten door hem uit te leggen dat opa van nu af aan overal zou zijn. Dat hij opa altijd bij zich kon hebben, dat hij zijn herinneringen aan hem waar ook ter wereld tevoorschijn kon halen. Dat hij later misschien op een boot naar IJsland zo sterk aan zijn opa zou denken dat het wel leek of die naast hem zat. Dat het om dat soort ogenblikken ging, zomaar uit het niets opgekomen. Ogenblikken waar geen grafsteen aan kon tippen.

Dat alles zei ik tegen mijn neefje, maar ik zag dat mijn woorden hem niet raakten.

Ik wil ook gecremeerd en zal, wanneer de gelegenheid zich voordoet, mijn kleinkinderen proberen uit te leggen dat ik net als mijn vader en mijn beide moeders uitgestrooid wil. Dat het misschien anders had kunnen gaan als er een familiegraf was geweest, waar ik bij mijn dierbaren zou mogen liggen. Dat ik het al koud krijg bij de gedachte in mijn eentje ergens de grond in te moeten. Dat ik niet eens zou weten waar. Ik woon nu al vijftien jaar in dit dorp, er is hier een lommerrijke begraafplaats waar inmiddels veel bekenden liggen, maar mijn wortels zijn hier niet mee naartoe verhuisd. Die zitten nog steeds in het duinlandschap waar ik als klein kind van de zandige hellingen rolde en na de oorlog, toen het duingebied weer mijnenvrij verklaard was, op zwerftocht ging met mijn kameraadjes, waar ik thuis was. Boven dat landschap wil ik uitgestrooid. En als mijn kleinkinderen er ooit behoefte aan hebben, kunnen ze daarheen gaan en op het hoogste duin klimmen en uitkijken over al die fijne toppen en kuilen en holen en hellingen waar oma ooit speelde. Maar ook over de Erebegraafplaats, waar ik na de oorlog vaak naartoe ging en de geboortedata bekeek van de verzetsstrijders die vlak voor de bevrijding nog doodgeschoten waren. Sommigen van hen nog geen tien jaar ouder dan ik, nog nauwelijks volwassen. Die deden wat ze konden, wat ik nog niet kon. Of wat ik nooit gekund zou hebben. Maar als er een wolkje van mijn as terecht zou komen op een van die graven, dan geeft mij dat nu al een goed gevoel.

Thee

Groene thee is goed tegen Ka. Dat is allang bekend in alternatieve kringen. Bij Aziaten, die bekendstaan als fervente groene thee-drinkers, komt deze ziekte immers minder voor dan bij ons en neemt toe wanneer zij verhuizen naar het Westen en zich aan onze eet- en drinkgewoontes overgeven. Maar de laatste tijd wordt er steeds meer onderzoek gedaan dat speciaal gericht is op het gebruik bij de westerse mens. Zelfs in wetenschappelijke vakbladen wordt hierover gepubliceerd, hoor ik van een reguliere huisarts in de buurt. De onderzoeken zijn alleen nog iets te kleinschalig om de wereld te veroveren.

Voor mij is dit een duwtje in de rug. Ga zo door.

Ik drink niet alleen de thee, maar slik ook een supplement in de vorm van capsules. Versterkt het immuunsysteem, verlaagt de bloeddruk, bevordert de spijsvertering, allemaal extra redenen om dit middel te gebruiken.

Tot me iets wonderlijks overkomt. Mijn groene thee-pilletjes zijn opeens niet meer leverbaar bij de drogist. Wat is dit nu?

'Er zijn nieuwe regels uit Brussel gekomen,' zegt de drogist, 'en die zeggen dat er niets meer over deze gunstige werking op het etiket mag staan. Dat maakt het voor de producent heel wat minder aantrekkelijk het nog te verspreiden. Ik zou het niet meer aan durven schaffen. Er is geloof ik nog een andere soort, ik zal kijken of ik dat merk voor u kan bestellen. Het staat immers ook bekend als afslankmiddel.'

'Maar ik lees juist meer en meer over de werking van groene thee tegen kanker. Het begint eindelijk door te dringen in de reguliere geneeskunde. Kleinschalig wetenschappelijk onderzoek heeft al frappante bewijzen geleverd.'

'Niet hard genoeg,' zegt de drogist. 'Zo'n onderzoek moet veel grootscheepser worden opgezet. Maar wie gaat dat financieren?'

'De farmaceutische industrie zal niet staan te popelen hier geld in te steken. Want stel dat...'

'Precies, mevrouw, stel dat. Op groene thee valt geen patent te nemen. Groene thee is voor iedereen beschikbaar.'

Zonder nieuwe groene thee-pilletjes fiets ik naar huis.

Blaadjes heb ik nog wel. Blaadjes uit Japan. Ik drink een kop, twee koppen, drie koppen. Drie pijlers onder mijn bestaan van nu.

Elfenbankjes

Aan de supplementen die ik dagelijks slik is door mijn dokter van geest en lichaam onlangs nog iets toegevoegd. Een voortreffelijke weerstandverbeteraar, heeft hij me verzekerd. Ik val vooral voor de koninklijke naam van dit product: Coriolus. Drie stuks per dag en je zult eens zien hoe je afweersysteem daarop reageert, zegt de dokter.

Als ik na enige weken geen verbetering bespeur zoek ik nadere informatie op over dit middel, waarvan de naam bij mij inmiddels tot mantra is verheven.

Coriolus versicolor is elfenbankje, zie ik. Er staan ook allerlei afbeeldingen bij van deze decoratieve parasiet. En beschrijvingen, zoals 'immuuntherapeutisch voedingsmedicijn'.

Bij ons in het bos wemelt het van de elfenbankjes. Ze zuigen de laatste krachten uit halfdode bomen en vermolmde stammen. Soms zijn ze oranje, bijna als cantharellen, soms ook donker gestreept, zoals de reuze-elfenbank die vorige herfst op een boomstronk groeide aan het eind van onze straat. Elke dag werd hij iets groter, een dier leek het wel, met kleurige strepen op zijn rug. Ten slotte was hij zo enorm dat er een foto van hem verscheen in het plaatselijke weekblad.

Ik vroeg me af waar dit heen ging met deze elfenbank, die zijn naam allang ontgroeid was en binnenkort herdoopt zou kunnen worden tot reuzenbank. Maar voor het zover was begon hij tekenen van verval te tonen en elke dag wat slapper aan de stronk te hangen. Als een vochtige zwarte lap hing hij er ten slotte bij. En zo teerde hij weg tot er niets anders overbleef dan een donker slijmerig plasje in de aarde.

Ik moet even slikken bij de gedachte dat ik deze zwam argeloos in mijn lijf heb toegelaten omdat hij geacht wordt hierin opbouwend werk te doen.

Waarom hou ik hier niet acuut mee op?

Gewoon, omdat ik mijn dokter niet wil afvallen. En omdat ik die peperdure pot vol pillen nu eenmaal heb aangeschaft en ondanks alles toch wel een beetje geloof in de magische kracht van dit wondermedicijn.

Een beetje geloven? Wat is dat? Is dat niet net zoiets als een beetje zwanger? En zou ik met mijn Coriolus-story bij mijn reguliere arts aan durven komen? En als ik het deed en hij lachte me uit, hoe zou ik dan reageren?

Ik vrees dat ik een beetje mee zou gaan grinniken. Maar daarna zou ik hem herinneren aan alle chemotherapieën die niet aanslaan, alle experimenten die niet alleen kanker bannen maar ook op lange termijn veroorzaken. Uitgevoerd door officiële wetenschappers, specialisten, professoren die veel aanzien genieten. Op wie alle hoop van een terminale patiënt gevestigd is. Is het een wonder dat zo'n patiënt, als zij hem niets meer te bieden hebben, zijn toevlucht zoekt bij elfenbankjes?

En zo zijn we toch weer terug bij af. Daar ga je, Coriolus, hup naar binnen maar weer, met een paar slokken water!

Rondetafelgesprek

Als ik nu een wens mocht doen, zou ik wel weten wat ik zou wensen. Ik zou wensen dat een aantal gerenommeerde doktoren, zowel uit het reguliere als uit het alternatieve circuit, samen om een ronde tafel ging zitten, en dat al die doktoren zich open zouden stellen voor elkaars methodes en bevindingen. Dat ze de meest fundamentele vragen zouden stellen zonder elkaar bij voorbaat al te beschuldigen van kwakzalverij en kokervisie. Zonder de behoefte te voelen elkaar belachelijk te maken. En ik zou wensen dat de werking van groene thee en Coriolus door ieder van hen onder de loep genomen zou worden, evenals die van een chemotherapie met twijfelachtige kans van slagen. Dat al die artsen gezamenlijk tot de slotsom zouden komen dat de homeopathie een waardevolle aanvulling op de allopathie kan zijn, en zouden beseffen dat het niet om 'of of' gaat, maar om 'zowel als'.

Geen schrikbeelden van bestralingen en dreigementen van de gevaren die kleven aan chemotherapieën, geen vrijblijvende uitspraken in de trant van 'Als u erin gelooft, mevrouw, dan zal het wel helpen'. Samen maar één doel voor ogen hebben. Met alle denkbare middelen de patiënt beter te maken. Ook als die middelen niet met officiële statistieken bevestigd kunnen worden, omdat er voor alternatieve behandelingen amper statistieken mogelijk zijn maar wel frappante individuele resultaten bereikt worden. Het idee dat alleen een zuiver wetenschappelijke benadering greep zou kunnen krijgen op leven en welzijn, dat is toch absurd? Geen mens zal toch kunnen ontkennen dat juist het niet direct verklaarbare ons alert moet houden, kritisch en onbevangen tegelijk?

Tjee, dit klinkt als een preek, maar het is niet meer dan een wens van een leek.

Schoot

Er is mij iets in de schoot geworpen. Ik mag hier in het dorp voor onze plaatselijke kunstenaarsvereniging fragmenten uit mijn laatste drie boeken voorlezen, afgewisseld met toepasselijke muziek van een jonge componiste, terwijl op de achtergrond een beeldend kunstenares de moederfiguren uit mijn boeken ter plekke gestalte geeft. De biologische moeder, de stiefmoeder en de geestelijke moeder, Astrid Lindgren. En al sta ik nog bepaald niet stevig op mijn benen, dit laat ik me niet door de neus boren. Aan een tafeltje in onze sociëteit zitten lezen uit de mij vertrouwde teksten is zo veel minder beladen dan samen met een paar honderd zangers op het podium van het Concertgebouw te moeten staan zingen. Ik voel dat dit gaat lukken.

Het lukt, we krijgen hartverwarmende reacties. Ik ben verrast en blij dat achter de patiënt de schrijver nog sluimerde! Dat die weer tot leven geroepen kon worden, dat had ik niet durven dromen.

Ik heb voor een volle zaal mijn teksten laten horen, hier in mijn eigen dorp. Voor het eerst in mijn schrijversbestaan zonder honorarium. Maar de vergoeding die ik voor dit optreden heb gekregen laat zich niet in euro's uitdrukken.

Kacheltjes

Het wekelijkse bezoek aan mijn oude vriend Simeon is al een paar jaar niet meer weg te denken uit ons leven. Zes dagen geleden was ik nog bij hem. Hij zat zoals altijd gebogen in zijn trippelstoel op wieltjes, in de hoek van zijn kamer. Keek blij verrast op toen ik binnenkwam. Ik legde mijn jas op het brede bed en mijn handen even op de zijne, die rustten in zijn schoot.

'Wat zijn ze koud,' zei hij.

'De jouwe zijn kacheltjes,' zei ik.

Een uur later, bij het afscheid, maakte ik hetzelfde gebaar.

'Wat zijn ze nu lekker warm,' zei hij.

We hadden dat uur in een ommezien volgepraat. Nieuwe onderwerpen aangekaart, die weer een week moesten wachten op het vervolg. Hij had het over Rousseau en diens *Bekentenissen*, ik had het over Montaigne en zijn essays. Omdat Simeon zelf niet meer tot lezen in staat was, besloot ik hem daar bij mijn volgende bezoek een stukje uit voor te lezen. Dat over de slaap bijvoorbeeld, als voorbereiding op de dood. Het gemak waarmee we ons daar dagelijks aan uitleveren, die vanzelfsprekendheid. Ik las het zelf die nacht nog eens door en legde een boekenlegger bij de betreffende bladzij.

Eergisteren belde zijn vrouw om me te vertellen dat hij 's middags na een korte opname in het ziekenhuis was gestorven.

En nu sta ik met lege handen aan zijn bed. Hij ligt er in zijn volle lengte uitgestrekt. Een lange man moet hij geweest zijn, zie ik nu. Toen ik hem leerde kennen liep hij al krom, met een stok. Noemde zichzelf Methusalem. Hij ging ervan uit in elk geval de negentig te halen. Op die dag, over twee maanden, zou er te zijner ere een concert gegeven worden in het Concertgebouw. *Canto Ostinato*, gespeeld door zes pianisten. Hij zou er zelf niet bij zijn. Zijn vrouw zou hem vertegenwoordigen. Hij zou die avond, net als alle andere avonden, vroeg gaan slapen, in bed geholpen door iemand van de thuiszorg. Dat was zijn realiteit.

Zijn grote knokige handen liggen over elkaar op zijn buik. Ik raak de rug van de bovenste even aan en schrik. IJskoud.

Schietgebedjes

Stel dat ik de dag na ons laatste samenzijn te horen had gekregen dat Simeon in kritieke toestand naar het ziekenhuis was gebracht. Wat zou ik hebben gedaan, na de eerste schok en verbijstering? Zou ik net als hij een jaar geleden een hele nacht wakker hebben gelegen en voor hem gebeden hebben, zoals hij toen voor mij? Gebeden tot zijn God, de God na de dood van God? 'Laat hem tenminste leven tot en met zijn negentigste verjaardag. Daarna mag hij sterven, maar niet nu. Niet zomaar in het wilde weg, midden in een dialoog. Er moeten nog losse eindjes worden afgehecht.'

Zou dat niet een beetje veel gevraagd zijn van God na de dood van God? Losse eindjes afhechten, hij ziet je al aankomen. 'Mevrouw, ik heb wel wat anders aan mijn hoofd dan die paar losse eindjes van een negenentachtigjarige man die een uitzonderlijk rijk en vruchtbaar leven achter de rug heeft en mij niet slechtgezind is. Zo iemand mag handenwrijvend sterven.'

En dan nog, na een korte pauze: 'Bovendien, wie sterft er nou zonder losse eindjes?'

'Ik wil morgen dood wakker worden.' Die woorden van hem staan levensgroot in mijn geheugen gegrift.

Ja, dat kon hij wel zeggen, maar ik weet dat de dagen na zijn opname in het ziekenhuis bij mij doorregen geweest zouden zijn met schietgebedjes. Schietgebedjes voor zijn leven.

Nu mag ik erbij zijn als hij begraven wordt.

Vertreksein

Het jaar is bijna rond. Mijn eerste sinds de operaties. Onderzoeken, controles, niks bijzonders, ze horen erbij. Ik heb me ten slotte toch onderworpen aan de mammografie. Zelfs de geopereerde borst moest eraan geloven. Geen details daarover nu. Het is gebeurd. Ik heb er vrede mee. Die eerste jaren is de kans op een recidive het grootst. Ik geloof het. Ben nu weer aan het wachten op de uitslag, volgende week bij de chirurg. Alsof ik in een trein zit die stilstaat bij een stationnetje in niemandsland. Zoals die nacht in de trein tussen Moskou en Sint-Petersburg. Uren stonden we in een kaal en verlaten landschap, waar de wind gierend overheen floot. Een houten stationsgebouwtje was alles wat ik zag. Vervallen en verveloos, resten van ooit sierlijk houtsnijwerk aan de voorgevel. Ik kon de half afgebladderde letters van de naam niet ontcijferen. Een gehucht moest het zijn. Ik dacht aan de woordjes 'steppe' en 'toendra', die je vroeger op school leerde, maar die nu opeens hun invulling kregen. Begrippen voor verlatenheid. Waarom stonden we hier zo lang? Was de trein kapot of zat de machinist in dat aftandse gebouwtje samen met de stationschef aan een tafel met een bijna lege fles en waren ze veel te ver heen om nog een verschil te kunnen zien tussen stilstaande of rijdende treinen?

Eindelijk begon mijn bed zachtjes te trillen. De hele wagon ging kraken, schudden, schokken. Hier moest een reusachtig gevaarte in beweging gebracht worden. Ik tuurde het perron af om de stationschef te ontdekken, vroeg me af in wat voor staat hij daar zou staan zwaaien met zijn spiegelei. Zouden ze in Rusland trouwens een spiegelei hebben? Of gewoon een vlaggetje? Of zou zwaaien met een lege fles ook gelden als vertreksein voor een trein?

Ik zag geen stationschef. Kon vanuit mijn bed niet ver genoeg het perron afturen. Jammer, maar we reden.

De volgende morgen stopte de trein bij stralend zonlicht in Sint-Petersburg. De uien op de torens zo glimmend van het goud dat je met je ogen stond te knipperen.

Ik probeer de dokter voor me te zien, die mij het vertreksein geeft, maar ik word verblind, als door een gouden ui in de zon.

Decolleté

En daar zit ik dan weer op mijn beurt te wachten bij de chirurg, nu samen met een vriendin. Wat ik ook te horen krijg, het voelt goed dat ik geen van mijn dochters deze keer heb meegevraagd. Niet leunen op je kinderen zolang je nog eigen benen hebt. Het is zonnig in de wachtruimte. Elke keer dat mijn dokter zijn gangetje uit komt wil ik opstaan voordat hij zijn mond heeft geopend. 'Er zijn nog twee wachtenden voor u', prent ik in mijn hoofd, dan kan het alleen maar meevallen.

Ik had mijn vriendin gevraagd een vertaling van een tekst over haar vader mee te nemen, die ik met haar zou bekijken. We lopen samen de zinnen langs, nog een paar puntjes op de i, tot we tevreden zijn en het artikel de deur uit kan. Ziezo, dat is gebeurd, op de valreep, dat heeft het leven nog van me gewild, vlak voor je weet maar nooit.

De dokter roept me op.

Hij vraagt hoe het met me is.

'Dat weet u beter,' zeg ik.

Hij laat me de foto's zien.

'Onveranderd,' zegt hij.

Ik krijg een halfjaar respijt.

'Ben nog wel erg moe,' zeg ik.

'Mevrouw, als u eens wist wat die bestraling voor ravage aanricht. Dat vreet energie.'

Hij bekijkt het resultaat van zijn operatie.

'Die borst is nog warmer dan de andere,' zegt hij. 'En een beetje verbrand bij de tepel. Dat blijft.'

Dan sta ik op en bekijk mezelf in een spiegeltje dat naast de onderzoektafel hangt.

'Ik vind dat u me prachtig hebt geopereerd,' zeg ik.

De dokter staat achter me, omvat beide borsten, duwt ze tegen elkaar en dan omhoog.

'Kijk, daar streven wij naar,' zegt hij. 'Een mooi decolleté aan het kerstdiner.'

Verantwoording

De hoofdstukken 'Leven', 'Bellen', 'Kacheltjes' en 'Schiet-gebedjes' zijn gebaseerd op teksten die eerder verschenen in het boek *Over Simeon. Een vriendschap met Simeon ten Holt* (Cossee, 2013).